高校教育教学管理和创新发展研究

游　璐　姚建如　杨茗涵　著

中国国际广播出版社

图书在版编目（CIP）数据

高校教育教学管理和创新发展研究 / 游璐，姚建如，
杨茗涵著. --北京：中国国际广播出版社，2024.8.
ISBN 978-7-5078-5619-4

Ⅰ．G647.3

中国国家版本馆 CIP 数据核字第 20247LY087 号

高校教育教学管理和创新发展研究

著　　者	游　璐　姚建如　杨茗涵	
责任编辑	万晓文	
校　　对	张　娜	
版式设计	邢秀娟	
封面设计	豫燕川	

出版发行　中国国际广播出版社有限公司 ［010－89508207（传真）］

社　　址　北京市丰台区榴乡路 88 号石榴中心 2 号楼 1701
　　　　　邮编：100079

印　　刷　北京启航东方印刷有限公司

开　　本　787×1092　　1/16

字　　数　146 千字

印　　张　11

版　　次　2024 年 8 月　北京第一版

印　　次　2024 年 8 月　第一次印刷

定　　价　58.00 元

前　言

　　随着时代高速发展,互联网、数字化等技术不断推进,人类社会进入高速发展时代。当前,我国高校的发展面临前所未有的挑战,其教育教学管理工作同样也遇到严峻挑战,在这一时代背景下,高校应密切关注并认真分析社会发展环境,结合时代发展趋势制定出相应的管理方案,以此适应社会发展过程中出现的一系列新变化和新情况,使高校教育教学管理工作者能够抓住时代机遇,做好迎接各种挑战的准备,推动高校教育教学朝着更高的目标迈进。

　　在新形势下,高校必须加强教学管理建设,发挥教学管理工作在高校教学管理中的主导地位。深入开展高校教育教学管理实践与创新研究,分析新形势下高校教学管理建设的重要意义,努力探寻解决相关问题的有效途径和办法,对促进高校教育教学管理工作健康、持续、良性地发展有着十分重要的现实意义。

　　本书重点从高校教育教学管理的具体问题出发,尝试从多个维度展开分析高校教学管理中学生、教师、行政管理等存在的问题,一边解决具体出现的问题,一边探索新的教学管理路线。在本书的撰写过程中,笔者参考了大量文献,在此对这些文献的作者深表谢意。由于时间紧迫和本人水平有限,书中难免有错误和不妥之处,敬请读者批评指正。

目 录

第一章　高校教育教学管理概述

第一节　高校教育教学管理的概述与特点

一、高校教育教学管理的概念

高等教育的教学管理与高等教育之间存在着紧密的联系。高等教育可以定义为基于中等教育的社会实践活动,其主要目标是培养高水平的专业人才,它是一种高度专业化的教育方式。高等教育的教学管理涉及管理者如何组织教育团队,合理地分配高等教育资源,以确保高等教育目标的高效实现。更具体地说,这是高等教育管理者对其管理对象进行的一系列活动。

从理论和概念的角度看,教育被视为一种针对高级专业人才的培育活动。它主要针对的是那些接受教育的人,其核心目标是促进受教育者的身心成长,并依据社会的各种需求,培育出对社会有贡献的人才。这一教育过程是在教育者有明确目标的引导下进行的,目的是让受教育者主动地去学习基础的文化知识,掌握基础的学习和生活技巧,从而促进他们个人能力的成长和提升,增强他们的体质,并最终塑造出良好的思想和道德观念。此外,这个概念的范围还涵盖大学中的科研活动。教育教学管理主要关注的是教育资源的管理。它旨在对有限的教育资源进行合理分配。这一流程涉及对教育和教学管理活动的规划、组织、指导、协同和管理,旨在达到教育和教学管理的目标,是一个持续变化的过程。教育和教学管理活动不仅负责教育、教学、生产、科研等多个方面的组织、协调和指导,还为这些活动提供了丰富的资源和良好的环境。更进一步,这些管理活动有效地整合各种资源和内外部条件,以使它们能够发挥出最大的效用。

经过前述的对比分析,我们可以明确,在大学环境中,有三个主要的活动类型:教育活动、科研活动和组织教育科研活动的管理活动。与这些活动相匹配的是三个不同的过程,分别是教育过程、科研过程和管理过程。从管理流程、教育流程和科研流程这三个方面来看,尽管它们各自不同,但它们之间存在着紧密联系。在大学的日常工作中,教育始终是核心环节;科学研究过程在某些情况下可以被视为教育活动的一个组成部分,它与整个教育过程是相辅相成、互为补充的。管理部门的主要职责是组织和提供与教育、科研等相关的活动的服务,确保这些活动能够顺利进行,从而达到预定的最终目标。

在进行教育和教学管理时,必须遵守教育的基本规律。能够揭示教育内在规律的教育理论,对高等教育机构在教育管理实践中具有显著的指导价值。所以,从理论角度看,高等教育的教学构成大学教育管理学的核心理论。实际上,管理活动也可以被视为一种社会活动。它与三种主要的社会实践活动(科学实验、生产实践和社会实践)并存,并对这三种社会实践产生了深远影响。如果管理脱离三大社会实践活动,这样的管理是毫无意义的。三项主要的社会实践活动已经脱离有效的管理,无法按照有序的方式进行,也无法实现预期的效果。教育教学管理与其他常规社会活动的管理一样,都是基于其内在的规律进行的。因此,教育和教学管理的固有规律并不能被教育的固有规律所完全取代。换句话说,高等教育机构的教育和教学管理者不仅需要理解教育的基本规律,还需要深入研究这些规律,而不是简单地将教育管理和教育理论视为同一套理论体系。在日常生活中,人们经常强调要按照教育的自然规律来行事,这里所说的"事"主要指的是教育和教学管理的各种活动,当然涵盖教师在教育实践中的行为。

二、高校教育教学管理的特点

在大多数情况下,管理面临的核心问题是如何在资源与目标之间找到平衡,关键在于如何合理地分配有限的资源,以实现最大的收益。这一特性使管理活动与其他类型的活动有所不同。在教育教学管理中,合理地调配、分配和利用有限的教育资源是其核心职责。尽管教育教学管理拥有这一独特的特性,但这只揭示了它在一般管理中所共有的特点。高等教育机构的教学管理核心,也就是在教育管理过程中出现的各种矛盾的独特性,构成大学教育宏观管理的根本和前提。因此,在研究高等教育的教学管理理论时,我们应该重点关注大学管理活动的独特性。

(一)高校教育教学管理目标的特点

培养人才和取得科研成果是高校教育的主要任务,具有很强的学术性。因此,与一般管理相比,高校教育教学管理的目标具有特殊性。

1.以高校教育目标为主要制定依据

所有的社会实践活动都有其预定的目标。高等教育机构的核心目标是确保培训出的人才在数量和质量上达标,同时致力于提升这些人才的整体素质和学术能力。高等教育机构的教学管理目标在于最大限度地利用现有教育资源,以培养数量更多、质量更高的专业人才,并进一步产生更多数量和更大影响力的科研成果,从而实现更高的经济效益。因此,高等教育机构的教育目标构成制定高校教育和教学管理目标的主要参考依据。这正是高等教育机构在教育和教学管理方面最显著的特性。这一特性强调,在设定管理目标的过程中,高等教育机构的管理层必须优先考虑采用高效的管理手段来规划和组织教育活动,以实现预定的教育目标。另外,为了更好地进行高等教育管理并达到教育的终极目标,我们必须确立清晰科学的管理方向。

2.方向性特点

无论哪种管理方式,方向性都是一个普遍的特点,这在高等教育的教学管理中同样适用。它所追求的目标方向非常明确,并深深地受到传统文化的熏陶。人才培养是高等教育机构的核心职责,因此高等教育的教学管理相对于常规管理具有更明确的方向。从一个角度看,人才的培养是一个受到特定政治观点和价值导向影响的有计划的过程。高等教育机构在选择教学方法、设定教育目标、确定教学内容和塑造学生的价值观时,都与人们的思维方式和意识紧密相连,而这些都深受各国的传统文化所影响。因此,高等教育机构在教育和教学管理方面具有明确的政治导向性。因此,高等教育机构的教育和教学管理人员必须确保教育目标受到全面目标的引导,我们需要确保教育的目标与国家其他部分设定的目标保持一致,我们需要建立一个全方位的政治政策,以确保教育目标与实际情况相符。从另一个角度看,高等教育应当致力于支持经济与社会的进步。鉴于教育的时间跨度相对较长,人才的培养策略需要提前进行规划,这样才能更好地满足经济与社会进步的要求。中国的高等教育体系必须坚守社会主义原则。

3. 社会效益性特点

和常规的管理方式相似,高等教育机构在教育和教学管理上的核心目标也是提升工作效率并实现更佳的成果。当我们评估高等教育机构的教学管理效率时,负责教育和教学的管理者必须深入了解高校教育的独特性,而要真正有效地进行教学和研究活动的管理,关键在于参与这些活动的人员。因此,只有当教师的工作热情、学生的主动性和积极性被充分激发时,教育管理的效能才能得到提升。

(二)高校教育教学管理对象的特点

在高等教育机构中,教师与学生被视为教育和教学管理的核心对象。在整个高等教育体系里,教师扮演着关键角色,而学生则是核心参与者,每个人都有其独特的属性。

1. 教师的特点

教师群体以其专业知识的掌握为显著特征。在管理教师的过程中,管理者需要密切关注他们的心理状态和主要依赖脑力的集体生活习惯,确保管理策略与他们的这些特点一致。与此同时,教师所面对的学生都是具有高度主观能动性和有意识的个体,他们既扮演着被管理的角色,也是管理者。

2.学生的特点

大多数学生都是完成完整的中等教育的年轻人。在对学生进行管理的过程中,管理者需要认识到学生的身心成长是分不同阶段进行的,并且每一个发展阶段都具有其独特的特点。因此,我们需要确保所采纳的管理策略与他们在不同发展阶段的特点是一致的。学生的主动性在很大程度上影响教育和管理的流程。在被教师塑造的过程中,学生也同时参与自我塑造和研究活动。从某种视角看,学生不只是教师需要管理的对象,同时也是学校需要关注和管理的对象。此外,从鼓励学生自我管理的角度看,学生同样扮演着管理者的角色。

不管是教师还是学生,他们都是从事脑力劳动的人,他们主要从事的是学术性的活动。因此,由于他们的职业特性,他们需要拥有创新的思考方式,这也导致他们的工作模式具有较高的个性化倾向。高等教育机构在教育和教学管理中是否能够合理分配财务、物资等教育资源,这与教师、学生以及他们的日常工作和学习经历都是紧密相连的。因此,激发教师和学生的内在积极性和主动性,同时为他们创造一个有助于独立思考的环境,并为他们提供自由发挥的条件,是高等教育教学管理的一个非常重要的任务。

(三)高校教育教学管理活动的特点

1.学术性特点

在高等教育机构中,教学和科研活动是按照不同的专业和学科进行的。在教育和教学管理中,传递、创新和运用知识是其核心职责。学术能力和实际应用价值可以作为评估高等教育机构培养的各种专业人才及其科研成果质量的指标。无论是教学还是科研活动,它们都依赖于知识这一媒介。换句话说,在所有的高等教育体系里,知识资源,尤其是高级的知识资源,始终占据中心地位。另外,在高等教育机构的教学管理活动中,除了行政管理,还涉及众多学术管理环节。学术管理与行政管理在规律和特性上存在明显的差异,但学术管理与行政管理往往是相互交织的,使得二者难以明确区分。

2.人际交流特点

通常的管理模式都强调管理者与其管理目标之间的互动,同时也注重人的各种因素和行为模式。在大学的教育管理流程中,人的角色和影响显得尤为关键。这一管理流程实际上是管理者、教师和学生三者之间的互动交流。只有当教师深入了解学生并采用适当的方法激发他们的思考,鼓励他们积极地投入学习,教育效果才可能达到最佳;只有加强教师与学生之间的沟通,我们才能共同取得进步;为了实现高效的学术管理并获得满意的成果,管理团队必须深化与各个专业和学科的教师之间的沟通与交流。显然,只有当管理层与学生频繁地进行沟通交流时,他们才能真正获得彼此的理解与支持。这表明,在高等教育管理中,管理者必须高度重视人的角色和影响。

3.综合性特点

高等教育机构的教学流程极为烦琐,并展现出其综合性质。大家都知道,在高等教育机构中存在众多专业,但不论选择哪一个专业,都必须展现出德、智、体、美等多方面的全面素质标准。高等教育机构的核心使命是培育人才。然而,除了这一核心使命,高校教育还需承担多种社会功能和涉及多个领域的任务,例如进行科学研究和传播社会主义的精神文明等,这些任务之间既有紧密的联系,也存在相互制衡的关系。为了确保高校管理活动的高效进行,管理者在执行管理任务时必须擅长激发相关人员的工作热情,并通过团队合作来实现这一目标。除此之外,我们还需要从一个宏观的角度来全面地分析和处理各种问题,以避免出现"从一个简单的开始到另一个复杂的过程"的情况。

4.管理过程难以控制的特点

在高等教育管理流程中,一个显著的特性是控制起来相当困难。主要表现在以下三个关键领域。①高等教育机构的工作周期通常较长,管理效率存在一定的延迟性,即便管理工作出现错误,也很难迅速地予以反馈。②教师的工作模式具有极高的自主性,教育工作的具体执行过程很难进行有效控制。③尽管对学生的培养设定了明确的质量准则,但与实物产品相对照,学生在定型化和标准化上面临挑战;同时,社会的供需变动和外部环境对学生的整体质量也产生了显著影响。要想真实地反映学生的质量,需要花费相当长一段时间。因此,对学生的素质进行评估是相当困难的。尤其是学生拥有极高的塑造性,他们在性格和思维方式上都存在着巨大的差异。因此,在管理活动中,管理者需要根据不同的时间和学生的特点进行个性化教学,这无疑增加了管理和控制的复杂性。

(四)高校教育教学管理会受到环境的影响

在社会系统中,各种不同的因素都可能对高等教育机构的教学和管理带来某种程度的影响。教育受到某些社会要素(例如经济、文化、科技等)的约束,同时也受到其他社会要素的影响。社会生产力与生产关系的演变,以及经济基础和上层建筑的不断发展和变化,都不可避免地对高等教育机构的教育和教学管理产生影响。另外,影响高等教育教学管理的因素也是多样且极其复杂的,包括但不限于经济状况、科技发展、自然环境、地理位置等。除了物质环境,人文环境同样是影响高等教育教学管理的关键要素。在高等教育机构的教学管理过程中,营造一个健康的人文氛围是一项至关重要的任务。因此,管理人员必须认识到,高等教育并不是一个与社会大系统孤立的独立系统,而是社会大系统中的一个子系统。因此,在这个基础上,管理者应当深入了解高等教育中的各种情况,并对其实施有力管理。在大学的教育管理过程中,管理人员必须高度关注各种外部环境因素对大学教育和教学管理的潜在影响。

第二节　高校教育教学管理的原则

一、高效性原则

高效性原则不仅是高等教育管理本质的直接反映,也是高等教育管理实践中的具体应用。该方案强调用尽可能少的高等教育资源来培育更多的高水平专业人才,并实现更多高质量的研究成果。这个原则阐明了,追求优质的办学成果是高等教育管理的核心目标,这主要在经济和社会两个层面上得以体现。高等教育培养的人才和取得的研究成果是否能对社会、文化、经济等发展产生最好的推动作用,高等教育在实施过程中是否能实现资源的最大化利用、最小化资源浪费,应作为评价办学效益的标准。为了确保办学效果的提升,高等教育在制定整体的发展策略、确定特定的专业方向以及雇佣相关工作人员等多个环节上,都需要展现出充分的适应性和活跃性。

二、整体性原则

由于高等教育系统的整体性和高等教育的目标共同作用,高等教育管理必须遵循整体性的原则。整体性原则可以解释为,在充分考虑各种社会环境因素的影响下,围绕人才培养这一核心,科学地组织各种工作,使它们能够有效地配合。

高等教育系统的一个显著特性是其整体功能超过各个部分的总和。在日常的管理实践中,局部与整体之间的矛盾和冲突是常见的。有时,仅从某一方面考虑,确实可以带来某种程度的益处,但从整体角度看,损失的幅度远大于仅从局部获得的益处。因此,我们始终坚持局部服从于整体的原则。某些研究指出,只有当人们设定了明确的目标,他们才能充分利用自己的能力,并且只有在实现这些目标之后,他们才会感到满足和成就。为了确保整体性原则的目标能够真正起到整体的领导作用,我们必须明确这一目标,并确保它在整个管理流程中都得以体现。

在高等教育体系中,就像其他普通系统一样,没有任何个体或组织能够完全独立地满足自己的需求,而不需要依赖其他人或组织。如果一种合作模式缺乏明确的管理目标作为导向,这样的行为便失去了管理的全面性。由于社会和组织之间的职责划分存在差异,高等教育体系中的工作目标也有所不同,但这些目标都是基于高等教育的整体目标,并在这一总体目标的引导下相互协作。在具有不同功能的组织里,整体性原则的表现形式也存在差异。通常情况下,经济实体主要以追求利益为导向,并重视市场竞争;军事组织主要以强制性质为基础,并强调服从原则。

三、民主性原则

高等教育管理的学术性决定了高等教育管理的民主性。高等教育管理者只有发扬民主,充分激发师生的创造性和积极性,才能办好一所封闭又开放的高等学校。高等教育领域人才济济,思想活跃,追求和强调学术自由。因此高等学校在开展学术活动时要充分体现这一点。从本质上来讲,高等学校的教学和科研活动都是学术性活动,而这些活动不可能离开民主与自由而得以顺利开展。从前面的论述中可知,高等教育系统中充满利益和权力的冲突,一个决策的制定和实施往往需要多种力量的协商和妥协。在这里任何独裁式的决策都有可能降低高等教育的学术价值。

承认个人价值是民主的基础。在学校重大事件的决策过程中,每一位师生都有权力发表自己的意见。领导和组织必须以听取师生意见为前提,依据科学的程序做出恰当的决定。这也是学校民主的体现。民主与公正是密不可分的,人们在享受公正待遇的同时,也在享受着民主。高等教育管理者要做到公正,就要建立严格透明的规章制度,平等待人,不徇私舞弊,而且要接受民主监督。

民主性原则要求高等教育管理者在高等教育管理中制定决策、执行决策、检查决策执行情况、评定决策执行结果都要充分发扬民主精神。

四、动态性原则

动态性原则强调,高等教育管理者在进行高等教育管理活动时,必须根据各种不同的实际情况,实施相应的动态调整措施,以确保高等教育能够具备一定程度的适应性和针对性。为了确保高等教育管理在不断变化的环境中能够协调发展,动态性原则高度重视高等教育管理的创新和进步。高等教育作为一个连接过去与未来的社会机构,其职责不只是保持稳定和传承,同时也展现出其发展潜力和创新精神。在高等教育的管理过程中,负责高等教育的管理者应当把稳定性和传承性作为基础和前提条件,以促进发展和创新为目标和推动力,在保持相对稳定的基础上,把握发展的方向,并在不断发展的过程中追求稳定性。

动态性原则强调,高等教育的管理人员必须给予旧体制和旧方法改革足够的重视。然而,进行改革的基础是确保教育的稳定性不被破坏。所有的改革稳定性都是有其相对性的。然而,进行必要的改革需要遵循一定的准则:改革的方向不能与现实脱节,而是必须与现实情况相一致,并且必须满足社会发展的需求;学校在制定教育目标、管理策略和发展规划时,需要展现出足够的灵活性。只有这样,改革才有可能平稳推进;为确保管理体系的稳健性,我们在进行改革时必须遵循步步为营的策略,不能冒然前进或急功近利。

五、依法管理原则

从管理架构的角度看,全国的高等教育事务是由国务院进行统一的领导和管理的。各省、自治区和直辖市的人民政府都有责任管理那些主要为地方培训人才的高等教育机构和得到国务院授权进行地方管理的学校,同时也需要对该行政区内的高等教育进行整体规划。国务院下属的教育管理部门主要承担着全国高等教育的管理职责,以及国务院指定的主要为全国培训人才的高等教育机构。在规定的职责范围内,国务院的其他相关部门负责高等教育的相关工作。

在进行高等教育的管理过程中,我们深深体会到了法律执行的核心地位。这主要是由于我国正逐渐走向法治化的发展路径。在高等教育活动中出现的各种矛盾,特别是涉及国家与国家、高等教育内部与社会其他部门、高等教育组织法人与其他法人实体、高等教育组织内部法人与法人、高等教育组织内部成员之间的矛盾,都需要通过法律和法规程序来得到合理解决。

按照法律进行管理的基本原则是,必须根据这些法律以及教育行政管理部门所制定的相关法规来对高等教育活动进行规范。在微观层面的高等教育管理中,我们必须遵循依法治校的原则,确立和完善各类规章制度,并依法进行行政管理,通过这些制度来确保管理者行为的规范性。

第三节 高校教育教学管理的现代理念

一、现代教育理念的内涵

教育观念实际上是关于教育手段的理念,或者更准确地说,它是关于教育的基本原则和法则的理想化的观点。教育观念代表着对未来教育方向的深刻洞见。显然,这一理念是建立在前辈的教育观念之上,并以未来社会对人才的需求作为基础。科学的教育观念能够准确地揭示教育的核心属性和当代特色,从而为教育的未来发展提供明确的方向。在此基础上,作为社会文化的标志性代表,现代教育观念不仅为我们呈现了一个理想的教育模式,也始终展现出对社会各个领域发展的前瞻视角。

二、高校教育管理的十大现代理念

经过对教育实践和教育理论的深入长期研究,人们为现代教育观念注入了丰富深刻的思想内涵。从理论角度看,现代教育观念已经超越了过去以教育经验为中心的思维模式,它改变了传统教育过于偏重考试导向的做法,使得教育内容变得更加有条理和针对性。现代教育观念不仅展现了其客观可靠的科学属性,还蕴含着丰富的思想内涵如开拓、创新、批判和冒险等。从实际操作的角度看,现代教育观念在指导教育实践的过程中显得更为成熟,并展现出包容、实用和持久的特质。这无疑将对高等教育机构的教学方法产生非常正面的指导影响。接下来,我们将深入探讨高等教育教学管理中的十大现代观念。

(一)以人为本理念

在经济和科技迅猛发展的背景下,社会已经从一个重视科技进步的阶段转变为以人为中心的新时代。在这样的时代背景下,秉持以人为本的教育观念也是符合当前社会和时代需求的。人不仅是教育活动的起点,也是其最终目标。因此,作为一项旨在培养和塑造合格人才以满足社会进步需求的高尚事业,教育自然需要全方位地体现"以人为本"的现代精神。在现代教育体系中,我们应当强调人的中心地位,并在整个教育和教学过程中,全面地实施对人的重视、尊重、提升和发展的核心理念。在现代教育中,我们不仅要注重挖掘每个人的内在天赋和潜力,还要关心他们当前的实际需求和未来的成长方向。更进一步,我们应该重视每个人的内在价值,并探索如何帮助他们实现这些价值。此外,我们还应该努力培养每个人的自尊和自爱,以及增强他们的自立自强意识。正因为现代教育始终遵循"以人为本"的教育哲学,人们在精神层面和生活品质上都得到了持续提升。这不仅增强了人们的生存和发展能力,也促进了个体的全面发展和完善。考虑到这一点,现代教育不只是强化民族团结的关键途径,同时也是提高国家综合实力的根基,并逐步成为时代发展的一部分,广受大众喜爱。

(二)全面发展理念

现代教育的核心目标是推动人的全方位自由发展。因此,当代教育高度重视人的全面发展和完整性。从更广泛的角度看,现代教育旨在为国家的每一位公民提供教育,并强调对整个民族全面发展的国民性教育,其目标是确保社会中的每一位成员都可以通过正规或非正规途径获得适当的教育机会;其核心目的在于全方位地提高整个民族的思想和道德水平,大幅度地提升民族的科学和文化修养,增强民族在知识和技术创新方面的能力,从而提升国家的整体实力。从一个更微观的角度来看,现代教育是一种面向所有学生的教育方式;其目标是确保每名学生都能在已有的基础之上获得进一步的成长,确保他们满足社会所设定的合格要求,并成为社会所需的优秀人才。其核心使命在于推动每名学生在道德、智慧、身体、审美和劳动等多个领域得到全方位的成长,旨在将他们塑造成全方位发展的优秀人才;这意味着在教育理念上,我们需要从传统的考试导向教育转变为全面素质教育,并从精英和专业教育转向面向大众和通识的教育方式。在教育方法方面,我们需要摒弃仅仅关注提升学生成绩而忽视学生身心全面发展的传统方式,转而实施一套全面促进学生在德、智、体、美、劳等全面成长的综合性教育方针和政策。当然,全方位成长并不等同于平均水平的发展,而是为每位学生提供了平等的个性成长和自主选择的机会。

(三)素质教育理念

传统的教育观念和方式过于强调知识的传递和吸收,这并不有利于学生的全方位成长。因此,当代的教育体系已经摒弃这一传统的教育观念和手段。现代教育的核心理念是在教学过程中将所学知识转化为实际能力,并使之成为学生的优质品质。该观点着重于知识、技能和个人素质在整体人才构成中的互动、交融和和谐进展。当代的教育模式更加注重培养学生的实际操作技能,并致力于提高学生的全面素养。在现代教育观念中,相较于单纯的知识,能力与素质被视为更为关键、更为持久和更为稳固的要素。在现代教育体系中,培养和提升学生的全面素质被视为教育和教学活动的核心任务。教育的基础目标是帮助学生掌握学习方法并提升他们的个人素质。这样做的目的是全面挖掘学生内在的各种潜能,从而促进学生在知识、技能和综合素质方面的共同成长和和谐发展,以提升学生的整体发展水平。

(四)创造性理念

从传统教育模式向现代教育模式的转变过程中,将知识性教育转化为创造性教育被认为一个关键的标志。在知识经济这一以知识为核心、以脑力劳动为主导的理念中,人的创新能力显得尤为突出,同时人的创造性潜质也被视为最有价值的关键资源。在当代教育体系中,教育和教学活动被高度重视作为一个充满创造性的活动,其核心目标应是激发学生的创造性,并积极地发掘他们内在的创造力潜质。现代教育理念强调,在构建教育和教学环境的过程中,不仅要采用富有创造性的教学方法,还要融合优雅的教育和教学艺术元素;在培育人才的过程中,我们需要激发学生的创新能力,并将他们塑造成有创造力的人才。现代教育观点认为,只有当创新精神与创业精神相互融合,才能构成一个完整的创造性教育生态系统。因此,强化创新教育与创业教育,并推动它们之间的深度融合,以培育具有创新和创业能力的人才,已经成为现代教育追求的核心目标。

(五)主体性理念

实际上,现代教育是一种以个体为中心的教育方式。现代教育体系对人的主体性价值予以高度认可,不仅积极推崇人的主体性,还有效地激发了教育主体的主观能动性,并在一定程度上提升了其能力。同时,这也加强了人的主体意识,提高了人的主体能力,使得受教育者不再仅仅被动地接受外部和客体实施的教育,而是能够自主地进行自我教育活动。尊崇每位学生作为主体的地位,构成主体性观念的中心思想。主体性的教育理念强调,在进行"教"活动时,应始终将"学"作为核心,以最大程度地激发学生的内在潜能和学习动力,使他们成为更加积极主动的主体,而不仅仅是被动接受的对象。真实的教育旅程应当是学生主动参与的学习和自我塑造的旅程。因此,主体性的教育观念要求我们将传统的以教师、教材和课堂为核心的教育方式,转型为以学生、课外活动和实践活动为核心的现代化教育模式。这一创新且充满活力的主体性教育方式强调快乐教育、独立学习、成功的教育方法、研究型学习等理念。只有采用这样的教学模式,我们才能真正激发学生的学习激情,更有效地激发他们的各种学习兴趣,进而帮助他们形成健康的学习和生活方式,从而不断提升他们的学习能力,并鼓励他们更加积极主动地学习与成长。

(六)个性化理念

多样化的个性成长是创新思维和能力的关键驱动力。我们正生活在一个以创新为核心的知识经济时代。在这个时代,我们需要大量的专业人士来为我们提供支持,而这些人无疑都是拥有独特且丰富个性的人才。正是基于这个原因,个性化教育的观念才得以诞生。当代教育的核心理念是尊重每个人的独特性并正视他们之间的差异;它不只是让学生展现出多样性的发展,同时也激发了他们的个性成长;运用各种不同的教育策略和评价准则,以适应学生多样化的个性特质,从而营造出更加有利于学生个性成长的环境。现代教育体系高度重视学生的身体和心理健康,尤其是在人格方面的全面发展。因此,在教育和教学过程的每一个环节中,都必须遵循培养和完善学生个性的核心理念。首先,在教育实践中,个性化的理念要求我们创建个性化的教育环境,营造个性化的教育氛围,建立个性化的教育平台。在教育理念方面,个性化理念强调精神的宽容度、社会地位的平等性,以及教师与学生之间的互动。该理念承认并尊重不同学生群体之间的个性差异,并为每个学生提供平等的机会来展示自己的个性,同时也为他们的个性发展创造有利条件,并鼓励他们展示自己的优点和个性。在教育方法方面,我们强调个性化的教育理念,注重因材施教,实施个性化教育,要求根据不同个性的学生采取不同的教育措施,最终实现从共性化教育向个性化教育的转变,为学生个性的健康发展提供充足的成长空间。

（七）开放性理念

目前,我们正生活在一个前所未有的开放性时代。随着科技的飞速进步和不断更新,它不仅为我们的日常生活提供了极大便捷,还使得我们所生活的世界逐步演变为一个更为紧密相连的有机体系。一种全新的、全面开放的教育模式打破了传统教育模式的封闭性。这一创新教育模式在教育资源、教学内容、教学目标、教育理念、教学方法、教学流程、教育评估等方面,全方位地替代了传统的封闭式教学方式。

①教育资源具有开放特性。也就是说,要充分挖掘和应用所有可用的教育资源,以便更好地服务于各种教育活动并激发教育实践的活力。这类教育资源既可以是实际存在的、物质性的、传统性的、具有民族特色的,也有可能是虚构的、精神层面的、现代化的、全球性的。

②教育内容具有开放性特点。教育环节、教学环节和课程内容必须是面向未来、全球和现代化的,需要解决教材内容过于封闭僵化的问题,

以使教学内容更具创新性、开放性、生动性和包容性。

③教育目标具有开放性质。也就是说,教育应该持续地打开学生的内心世界,激发他们的创造性潜力,不断地提高学生的自我发展能力,不断地扩大学生的发展空间。

④教育观念具有开放态度。也就是说,教育体系应当广纳全球所有卓越的教育观念、教育理念和教育手段。

⑤教育方法具有开放性质。也就是说,教育应该选择国际化、产业化、社会化的发展路径。

⑥教育过程具有开放性质。也就是说,教育的范围应该从单纯的学历教育扩展到终身学习。我们需要将教育范围从传统的课堂教学扩展到实践教学,并进一步扩展到信息网络化的教育方式。我们需要将教育范围从学校扩展到社区,并进一步扩展到社会层面。

⑦教育评估具有开放态度。这意味着我们需要摒弃传统的单一文本考试评价方式,而是构建一个更加多样化的教育评估体系,从而让教育评估机制变得更为灵活。

(八)多样化理念

我们所生活的现代社会是一个充满多样性的时代。由于社会结构的高度分化、社会生活的复杂性和多样性的价值观,教育的发展方向也展现出了多种多样的特质。教育的多样性首先表现在教育需求的多元化上。随着现代社会经济的飞速进步和多样化的变化,社会对人才的各种需求也会随着社会进步而逐渐多元化。此外,学校的办学主体、教育目标、管理制度等方面都展现出了多元化的发展方向。随着时间的推移,教育的方式和工具变得更为多样和灵活,而评估教育和人才质量的标准也日益展现出其灵活性和多样性。从上述情况可以看出,当相关的部门或教育机构在管理和设计教育教学流程时,他们会遭遇更多的困难和挑战。多元化的教育观念要求各相关部门和教育机构根据各自不同的办学水平、多样的办学模式以及多样的管理机制,灵活地设计和管理教育和教学活动。它所倡导的是一种灵活的教学和管理方式。这一模式与教育和教学的实际操作更为契合。为了推动教育行业的持续繁荣，我们倡导构建一个更为多样化的社会政策和法律框架，并努力营造一个开放宽容的舆论环境。

（九）生态和谐理念

在自然界里，无论植物和动物，还是微生物，它们都不能在健康的生态环境中自由地生长。当然了，每个人都是如此。社会的生态环境对人类的发展起到了至关重要的作用，只有一个宽松和谐的生态环境，人才才能健康地成长。当代教育理念强调，教育活动应被视为一个有机的生态系统。从教育活动的内部环境来看，整体的和谐性体现在教师与学生之间的和谐相处、课堂与实践的有机结合、以及教育内容与方法的协调一致等方面。从教育活动的外在环境来看，整体的和谐性主要体现在教育活动与整体育人环境之间的和谐统一，以及教育活动与文化氛围之间的和谐相处等方面。现代教育理念强调，教育者在教育过程的每一个步骤中都应创造一个和谐融洽的环境，以构建一个完整统一的教育生态链条，确保人才健康成长所需的营养、土壤等方面能够产生和谐的共鸣，从而实现生态和谐的教育目标。因此，现代教育体系强调和谐教育的重要性，致力于创建一个有机的生态教育环境，全面努力实现教学、管理和环境三方面的育人目标，旨在为人才的健康成长提供最优质的生态条件，进而推动人才的生态和谐发展。

（十）系统性理念

伴随着知识经济和学习型社会的发展，现代教育体系也步入终身学习的阶段。对个人而言，教育无疑是他们整个人生中最为关键的部分之一；对于国家而言，教育既是国家的重大策略，也是党的核心任务。因此，教育不只是学校的责任，它同样是社会向前发展和进步的关键；教育的目的不仅仅是提升个体的综合素质，更为关键的是提升全国人民的整体素质；教育不只是为了满足个体的精神文明需求，它更是国家在精神文明建设和两种文明和谐发展方面的关键战略任务。教育被视为一个涉及多个部门和多个行业的复杂社会系统项目,它由各种不同的元素构成。为了确保教育高质量发展,社会的每一个成员都需要共同努力和参与。我国当前正在发展的大规模社会教育体系与传统的教育体育有着显著的区别,该体系需要以系统工程的思想为导向,进行全面规划、设计和整合操作。我们应培育学生的独立学习技巧,在确保社会系统内各个部门和各个环节协同工作的前提下,致力于完善教育的社会化网络,并将此项任务视为教育环境建设的核心,从而推动大型教育系统健康运作。

第二章 高校教育教学中的质量管理创新

第一节 高校教学质量管理概述

一、质量和教学质量的概念

(一)质量的概念

质量就是产品或工作的优劣程度,即以某一特定标准衡量产品或有关的各项工作后得出的符合程度。质量可以分为产品质量和工作质量。而产品的质量取决于工作的质量。

(二)教学质量的概念

学校进行道德教育、智力教育、体质教育、美学教育等工作的质量和学生综合发展的情况就是广义上的教学质量。这种教学质量的评价依据的是多方面的内容。例如,党的教育方针是否被全面贯彻执行,学生的身心是否得到全面培养和发展,学生在道德品质、智力、体质、审美等方面是不是在原有基础上得到持续大幅度提升,学生毕业后劳动或升学是否适应社会发展和经济建设的要求。教学质量好体现在毕业生为社会发展和经济建设服务得好,有后劲,有系统的文化科学知识、很强的自学能力、崇高的思想境界、高尚的道德品质和强健的体质。衡量标准是学生日后在社会上所起的作用,是否成为有理想、有道德、有文化、守纪律的一代新人。因此,分析一所学校的教学质量,不仅要看考试成绩,而且要看教职员工和干部的工作质量和学习质量。

二、管理和教学质量管理

(一)管理的概念

对于管理的含义,目前各个学派说法不一。有的学派认为管理就是效率,有的学派认为管理就是决策,还有的学派认为管理主要是对人的管理。目前比较新的理论认为,管理是为了实现预期目标的一个集体,对各种资源充分组织和使用的过程。我国一些教育家也有不同的解释,他们认为,很多人为了一个共同的目标,聚在一起进行协作劳动的过程中,每个人必须听从组织的安排和指挥;否则,每个人的活动就难以协调,并难以按计划达到预期的效果。这种对劳动的组织、指挥、协调的工作便是管理。

(二)教学质量管理的概念

教学质量管理实质上就是管理教学质量形成的全过程和各环节,把有关人员组织起来,把影响教学质量的各种因素控制起来,以保证在教学质量形成的过程中不出差错,或少出差错,并且逐步提高教和学的质量。所以,实行教学质量管理是提高教学质量的重要保障。教学质量是教出来和学出来的。管理者应将教学质量管理的重点放在平时的形成教学质量的全过程和各环节上,而不应当放在考试上。

(三)教学管理与教学质量的关系

学校对各个方面实施的管理就是教学管理。在设立具体管理目标的前提下,学校通过教学管理手段对整个教学工作进行有序的调节和控制。教学管理的所有环节与教学质量都具有密切的关系。无论教学任务的安排,还是教学质量的评价等,均属于教学管理的范畴。例如,查看教学方法是否先进、授课内容是否新颖、是否做到了将理论与实践有效结合起来、学生的学习水平是否稳步提高的教学跟踪监测,就是教学管理中非常强大的一种监测手段。全面提高教学质量是教学管理始终围绕进行的工作重心。高校应重视教学管理体制的改革和完善,创造和建立新型的教学管理制度,从而促进人才培养及其素质的提高。

三、教学质量管理的主要内容

第一,管理者应进行宣传教育,做好思想工作,充分发挥全校教职员工的聪明才智,增强他们的质量意识,使人人关心教学质量,个个参与质量监督,认真负责地做好质量管理工作。

第二,管理者应建立和健全教学质量管理体系。校长应负责组织所有与教学质量相关的人员进入教学质量管理系统。每个人都应充分履行自己的岗位职责,每个人都应充分发挥自己的岗位职能,使上下左右信息渠道畅通。

第三,在每学期的开学之前,管理者应根据上一学期的经验教训,采取上下结合的方法,提出新学期的要求或目标,实施相应的计划。

第四,管理者应检查各职能部门、各教研组、各班级的实施情况,控制和调节影响教学质量的各种因素。

第五,管理者要充分了解和掌握教学质量的情况,要用数据说话,不能停留在用生动的和突出的事例来说明问题的水平上。

四、教学质量管理的分类

(一)预防性质量管理

预防性质量管理主要指校长、教导主任、教研组长等通过抽样检查,及时了解教师备课、上课、批改、辅导的质量,及时了解学生预习、听课、复习、作业的质量,从中发现问题,及时总结经验和教训并推广。这种管理可以防患于未然,也可以避免在升级或升学考试前再去"亡羊补牢",可以防止和减少教学中的倾向性问题发生。所以,预防性质量管理是稳步提高教学质量的可靠保证。

(二)鉴定性质量管理

鉴定性质量管理是管理者到了一定阶段后进行质量检查和质量分析的管理工作,又叫阶段性质量管理。比如,在新生刚入学后,有的学校进行摸底测验或编班测验,及时了解学生在上一个学段完成学习任务的情况,并及时进行补缺补漏的做法,就属于这种管理。有的学校在每个学年对学生德、智、体、美、劳等的发展情况进行全面的分析评定,做出升留级的决定,并且总结这方面的经验教训的做法,也属于这种管理。对毕业班学生德、智、体、美、劳等方面的发展情况进行质量检查和质量分析,总结经验教训的做法,也属于这种管理。

(三)实验性质量管理

在教学质量管理过程中,许多做法要经过科学研究和科学实验,只有被证明是切实可行、行之有效的,才能被逐步推广。这样做,不仅能够让管理者提高自觉性,减少盲目性,学会按照客观规律办事,而且可以防止挫伤师生员工的积极性的情况出现。如果管理者见到新方法就直接拿来用,而不经过研究和实验,很有可能会在实施过程中出现各种问题,从而造成资源和时间的浪费。

五、教学质量管理的原则

(一)坚持以教学为主

学校以教学为主是由学校本身的性质、任务决定的。教学是学校的根本任务,就像生产是工厂的根本任务一样,否则学校就不能被称为学校了。学校的这种性质、任务,决定了教学工作是学校工作的中心,是处理矛盾、全面安排工作的出发点和落脚点。当然,坚持以教学为主,并不是一件轻而易举的事情。学校必须端正办学指导思想,提高科学管理水平,改进工作作风和工作方法,才能切实做到这一点。

在一所学校内,各班级各学科发展不平衡的状况说明,要切实做到以教学为主,就要使全体学生德、智、体、美、劳等诸方面都得到发展,还要提高教师的思想水平、业务水平和教学水平,充分发挥教师的主导作用、学生的学习积极性等。

(二)坚持实事求是

"实事求是"是做好工作必须遵循的一项重要原则,也是学校实行科学管理的一项重要原则。不少学校领导对全面教学质量管理,还不是很熟悉的。此时,学校领导就要努力学习、刻苦钻研、认真探索,从而逐步熟悉起来。在这个过程中,新情况、新问题不断出现。学校领导甚至会遇到挫折和失败。这都不足为怪。目前值得重视的一个问题是,在学校管理工作中,不少学校领导存在着"重经验,轻理论"的问题,进而阻碍了科学研究和科学实验的广泛深入地开展。这个问题解决了,学校领导学习科学理论指导学校管理实践的自觉性就会提高,工作的盲目性就会减小。将理论同实践结合在一起,就能从实际出发,找出周围事物的内部联系。

(三)坚持民主集中制

许多学校师生员工心情舒畅,干劲倍增。这是学校发扬社会主义民主取得的成果。目前,学校领导在实施教学质量管理时应当注意以下几点:

1. 全党服从中央的原则

学校领导要坚持个人服从组织,少数服从多数,下级服从上级,全党服从中央的原则。全党服从中央是维护党的集中统一的首要条件,是贯彻执行党的路线、方针、政策的根本保证,也是在思想上同党中央始终保持一致的重要前提条件。

2. 坚持领导与群众相结合

学校领导要继承和发扬党的优良传统和作风,与群众同甘共苦,保持最密切的联系。在新的历史时期,新情况、新问题不断出现,不论决策、计划、组织、实施等,还是检查、指导、总结、改进等,都要从群众中来,到群众中去。

3. 集体领导必须和个人负责相结合

每个学校领导都要明确所负的具体责任,做到"事事有人管,人人有专责",严格执行质量责任制。

(四)坚持思想工作优先

学校领导是师生员工的带路人。一所学校能否成为社会主义精神文明基地,要看学校领导能否做好思想工作。在教学质量管理工作中,学校领导应该明确思想政治工作的地位和作用,明确在新的历史时期加强思想政治工作的重要性,明确在学校里思想政治工作不能离开以教学为中心的轨道而孤立地进行。因此,学校领导要结合业务工作和日常管理活动开展思想工作。

第二节　高校教学质量管理体系的构建

一、构建高校教学质量管理体系的必要性

(一)经济发展的必然要求

经济发展的要求主要在两个方面体现出来:一方面,经济体制的转轨变革和社会主义市场经济体制的确立,要求高等学校改进原有的质量评估方法,研究与开发适应新型经济体制的高校教学质量管理体系;另一方面,要转变经济增长方式。经过几十年的经济建设,尤其是改革开放以来的发展,我国经济建设取得了很大进展。

从我国高等教育的当前的发展形势来看,我国面临着两方面的压力:其一,根据经济发展对紧缺人才的要求,对人才培养做出结构性调整;其二,依据社会发展对未来人才的新要求,提出高等教育的新目标与教育质量的新标准。要确保这种结构性调整的到位以及新目标与新标准的实现,强化教育质量管理,建立适合我国国情的高校教学质量管理体系势在必行。

(二)解决高等教育中学生数量与教育质量矛盾的需要

随着我国高等教育事业突飞猛进的发展,高等学校的招生人数、在校生人数和毕业生人数均显著增加。特别是高等院校自20世纪末广泛扩大招生规模,逐步加快了高等教育大众进程。近些年,虽然在"高校合并"的大背景下,我国高校的数量有所减少,但是扩大招生规模的热潮并没有在高等学校散去。高等学校在校生的数量仍然呈现迅猛增长的态势。但

从历史中得出的经验来看,高校教育的质量随着高校学生数量的增长呈现了下降的趋势。所以,为了在我国扩大高等教育规模的同时,使高等教育的质量也能得到充分保证,从而适应社会发展的客观需要,建立高校教学质量管理体系已经迫在眉睫。

(三)高等教育面临的难题亟待解决的要求

高校招生结构失衡、教育质量下降、失去鲜明的特色、各方面的效益不明显、声望和名誉受到损伤等一系列因高校扩招带来的麻烦,使高校难以应付,并直接影响了教学质量。虽然多样性是大众的呼声,但是如何在维持高等教育的基本底线的基础上做好多样性是当前高等教育领域的一个难点。我国高等教育当前面临的难题迫切需要通过建立高校教学质量管理体系得以解决,以确保我国高等教育在普及过程中的质量。

二、构建高校教学质量管理体系的原则

(一)动态性原则

动态性原则是构建高校教学质量管理体系的基本要求。高等教育的发展是一个不断变化的动态过程。各高校应从本地区高等教育发展变化的实际出发,根据自身的现实情况,动态地构建高校教学质量管理体系。动态性原则是指构建高校教学质量管理体系必须根据不同的情况,确定和采取不同的措施、策略和方法,使高校教学质量管理体系具有针对性和适应性。

(二)发展性原则

随着社会不断发展,高等教育也在不断发展。高校教学质量管理体系也不能一成不变的。有效的高校教学质量管理体系可以根据环境的变化,针对社会发展变化做出及时调整,从而不断适应高等教育的发展。此外,高校教学质量管理体系还应该吸收国内外先进的技术和经验,及时反映教学质量管理的新概念、新思想和新方法。只有保持先进性和超前性,才能使教学质量管理体系保持相对稳定性。

三、构建高校教学质量管理体系的途径

(一)建立多元的高校教学质量管理观

高等教育规模的不断扩大使高等教育普及化的进程越来越快。数量的增长只是大众化的表面现象,它带来的更深层次的变化是观念的变化和模式的创新。高等院校在思想观念上主动转变,以积极的心态面对高等教育大众化阶段带来的挑战。高等教育大众化阶段的发展多样化促使高校教学质量管理观和高等教育目标向多元化发展。所以,管理者必须在思想观念上及时转变,将封闭的内向型思维转变为现代开放的国际型思维。为了形成多元化的高校教学质量管理观,管理者应主动进行高等教育的理论与实践研究,从而使多元化的高校教学质量管理观得到确立,避免用一种质量标准去衡量所有的高校活动的质量。

(二)建立完善的高校教学质量管理体系

高校主要通过建立完善的教学质量管理体系来保障教学质量。高校应树立牢固的质量意识,建立教学质量管理体系,充分发挥管理体系的作用。所有外部的评估与监督措施要达到对高等教育质量应有的保障效果,就离不开高校自身的教学质量管理体系。所以,关键是要建立起完善的高校教学质量管理体系。

(三)建立国际高校教学质量管理体系经验吸收观

我国高校必须借鉴国外的成功经验,加强国际交流与合作,建立符合国际标准的高校教学质量管理体系,建立具有我国特色的高校教学质量管理体系。经过十多年飞速发展,我国高等教育进入大众化阶段。质量是高等学校生存与发展的关键。所以,高校要重新审视高等教育教学质量问题,重新树立高校教学质量管理观,建立更加完善的教学质量管理体系。学校要想生存和持续地发展下去,大众化高等教育的规模扩大和发展就必须以保证质量为前提。也只有这样,大众化高等教育才有意义。高校应建立一套与现实背景相适应的多元化的综合性高校教学质量管理

体系,从各个层次和角度确保人才培养质量,促进高等教育质量的提高,最终实现全面可持续的中国高等教育的发展之路。

第三节 高校教学质量管理的创新措施

一、做好标准化工作

(一)制定明确的教学质量标准

教学质量形成的全过程和各个环节中都必须有明确的质量标准;否则我们就难以准确衡量和评定教学质量的优劣程度,也难以准确地判定究竟是否全面贯彻了党的教育方针,是否实现了管理目标。而要实行教学质量管理,就要研究和制定评定教学质量优劣程度的标准。各科教学质量的标准是以各科教学大纲、教学计划和教科书为依据而制定的。教导主任要按照国家颁发的教学计划排课,要指导教师学习教学大纲,钻研教材。教师要按照教学计划、教学大纲和教科书的要求上课,并且在每个学年、每个学期、每个单元、每一节课的教学过程和各个环节落实。因此,教导主任要协助校长研究并制定教师教学工作各个环节的质量标准。

(二)制定明确的学习质量标准

只有管理者明确学习的质量标准,才有可能使学生明确每一学年、每一学期、每一单元、每一节课的学习任务和要求,从而主动地完成学习任务,达到学习要求。有些地方、有些学校提出的分年级要求,提供的教学参考资料,就为有关学校和教师制定学生学习质量的标准提供了有利条件。作为分管教学的校长和教导主任,应当充分利用这些条件,研究并制定学生预习、听课复习、做作业等环节的标准,而且要严格检查,通过学习质量标准化的工作,调动学生的学习积极性,培养良好的学风。

(三)制定明确的教学质量管理工作标准

教学质量管理的所有工作都要标准化。各项工作都要有一个标准。

这样,管理者才能评定其优劣程度。标准应便于执行,便于检查。例如,管理者在制定实验室管理员的工作标准时可参考以下几点:

第一,仪器、药品、标本、材料、设备等账目清楚,制度健全,随手可查可取。

第二,要分类编号各种仪器、药品、标本、挂图、材料,存放要有规律。试剂要有标签,要定点存放配套附件,要保持玻璃仪器清洁干净。

第三,能提前一周为实验课和演示实验做好必要的准备,协助教师上好实验课。

第四,做好保管、维修、安全工作。标准要如实反映情况,不断修改,不断完善。无论成功的经验,还是失败的教训,都应该加以总结使其标准化。待下次再做同样的工作时,可直接按标准进行,借鉴成功的经验,防止再次失败。

这样可使学校的工作条理化、专职化,简化管理工作,达到提高效率的目的。标准化既是质量管理的结果,又是下一循环的起点。所以,全面质量管理从标准化开始,到标准化告终。如此周而复始,螺旋上升,逐步完善,整个学校就会出现欣欣向荣的局面。

二、做好质量情报工作

随着社会的发展,教学质量管理在提高教学质量过程中的作用越来越大。这就促使校长和教导主任必须及时掌握学校内外教学改革信息情报。有条件的学校,还要及时了解校内外、省内外、国内外的教育科学和管理科学研究的新成果和新经验。因此,学校教导处要及时收集教学研究的资料,包括观摩教学的资料、课外活动的资料、学生健康与生活的资料、学生课外阅读的资料、学生兴趣爱好的资料、学校领导听课和抽样检查的资料、教师相互听课的资料、质量分析的资料、教师健康状况和生活状况的资料等。教导主任要特别注意教学方法研究的新成果和新经验,从而开阔眼界,增长见识,取长补短,引导本校教师不断改进教学方法。

此外,要定期收集毕业生就业后的信息,以及他们本人和单位对学校的意见和建议。这也是衡量学校全面贯彻党的教育方针的一个重要方面。

为了使学生身心得到全面发展,班主任要及时了解学生在校外的表现情况,并将重要情况及时向教导处汇报。教导主任要亲自研究"三好学生"的发展情况和规律,研究各科"拔尖"学生的发展情况和规律,研究优秀班主任和优秀教师的发展情况和规律;要充分发挥各种质量情报和教学资料的作用。教导主任要指导教导员,或者亲自整理分类。属于教学资料的,由资料室整理保管;对于属于学生品德方面的校外信息的,教导处应将之传递给班主任;对于查有实据的资料,教导处应妥善保管;对于教师健康情况和生活状况的资料,在校长、党支部书记、教导主任、总务主任工会主席传阅后,教导处应将之交给人事部门保管,并主动帮助教师克服困难。

对于教育科学和管理科学研究的新成果,图书资料室要将之及时传递给校长和教导主任。不论何种情报或资料,都要有收发和报关的制度。图书资料室不可以将公共财物化为私有;对于遗失的和损坏的,要赔偿并检讨;要建立严格的规章制度。学校领导要以身作则。这样,有关职员就好办事了。对校内外的各种反馈信息,进行科学分析,去粗取精,去伪存真,并进行由此及彼、由表及里的思索,进行综合概括,做出正确的判断,以充分发挥质量情报的作用,是教导主任义不容辞的责任。

三、做好质量管理教育工作

对校长来说,质量管理是一项具有挑战性的工作。事实证明,已经实行教学质量管理,并且已经取得显著成绩的学校,就是边学边干、边干边学的。教学是一门科学,更是一门艺术,它的魅力就在于不断地发展创新。实现教学创新、提高教学质量的办法只有一个,就是学校要坚持实事求是,从实际出发,将理论与实践结合起来。只有这样,才能少走弯路,加快全面提高教育教学质量的进程。

教育技巧的必要特征之一,就是要有随机应变的能力。所以每一个教育工作者都不能刻板公式化,要随时根据自己的实际情况,以及工作条件与学生情况的变化,找到适当的手段。实际上,一些经验丰富的校长,在管理过程中对各种教育方法、教育手段、管理方法、管理手段等,都善于综合运用,灵活运用,并在运用的过程中有所发现,有所发明,有所创造,有所提高。如果所有的校长都能这样做,教育质量管理水平就会得到大幅度提高,学校的教学质量也必然会得到大幅度提高。

四、做好教学质量督导工作

(一)构建健全的督导体系

1. 确定合理的督导模式

我国高校应以促进教学质量的提高为重心,以发现问题为前提,以改革教学环节为途径,重新定位教学督导工作,重构与本科教学合格评估相结合的校二级督导管理机构,在二级学院成立院级督导小组,将教学督导工作重心下移,进一步强化各学院的自我质量监控功能,充分调动二级学院的积极性,发挥各学科专家在各自专业方面的优势,使督导工作更有针对性与实效性。

2. 健全教学督导体系

我国高校应进一步明确督导人员的责、权、利,提高教学督导在质量监控体系中的地位和作用,强化其督导功能。教学督导体系的建立和健全,是进行教学质量监督的重要前提。只有充分发挥教学督导体系的作用,才能使质量监控更加公平合理,并且取得良好的监督和控制的效果。

(二)构建督导与服务相"融合"的体系

"导"是教学工作的重点内容,"督"是为了更有效地"导"。以"督"为辅,以"导"为主,"督"和"导"相融合才能使"导"具体到位,使"督"得到延深和落实。督导人员要通过对教师工作的"督",了解和掌握其不足之处,帮助他们解决教学中出现的问题,改革教学方法与手段,提高教学技能;

督导人员要挖掘教师的潜能,帮助他们总结经验,形成个性化的教学风格。同时,校院两级管理部门要定期组织召开督导工作会议,索取建议,处理信息,解决督导中存在的问题,帮助督导人员提高工作效率与督导水平,以使其更好地服务于教学工作。

(三)加强督导队伍的专业化建设

学校要重视督导人员的整体素质。督导人员精通教育理论、教育管理与教学实践。建立一支专兼职相结合,专业、年龄结构合理,素质良好的督导队伍是高等教育教学改革与发展的需要,也是高校提高教学质量的必然要求。高校要加强督导队伍的专业化建设,优化督导队伍的专业结构,应要求督导人员具有专业知识、专业技能和职业道德,建立有效的教学督导人员培训机制,明确规定督导人员的职责与职权,引导和鼓励其加强理论与技术研究,提高督导工作水平。总之,高校能否顺利构建及运行教学督导系统的关键在于是否具备一支高素质的督导队伍。

五、做好校长的配备和甄选工作

(一)校长的重要意义

合格人才的人才培养需要合格的教师;而合格教师的成长和提高,则需要合格的校长为之创造条件,并且给予指导和帮助。自新中国成立以来,正反两个方面的经验都充分证明了,实行校长负责制可以保证校长全面充分地履行校长的职责。而校长负责制在一所学校能否得以全面实行,并且切实对党和政府负责,就要看有没有合适的校长了。

20世纪50年代,在我国实行校长负责制的时候,学校风气之好,教育质量之高,有口皆碑。这同校长的素质、水平高有密切联系。"前事不忘,后事之师。"接受过去的经验教训,对今后实行校长负责制是有益处的,对校长提高素质和水平,努力完成伟大而艰巨的任务是有促进作用的。

当前我国为了适应新形势、完成新任务而实行的校长负责制,与20

世纪 50 年代和 80 年代的校长负责制相比,既有相同之处,也有不同之处。不能简单地将校长负责制当成一种形式,而应当看到其内涵和外延都有了新的发展。过去和现在的校长负责制,都要求校长对党和政府负责,对全校学生、员工负责,对教育质量负责。这是共同之处。过去,国家在衡量中小学校长负责程度和工作成绩时,主要看校长完成"双重任务"的情况,实际上在相当长的时间里只看升学率的高低。现在则要看校长提高基础教育水平的成效,改革教育思想教育内容、教育方法的成效,改革管理体制、管理思想、管理方法的成效;要看校长能否适应当代科学文化发展的需要,要看校长能否掌握必要的现代教育科学知识,成为懂得教育的、有管理学校专长的专业人员。这就是不同之处。显然,现在对校长的要求比过去都高了。我们可以预测,随着社会的发展和进步,国家对校长的要求会进一步提高,同时对校长的"格"的要求也必将随之提高。

(二)校长的"格"

1. 要有相当的知识

有人认为,学历程度是作为校长最主要的标准。但是在现代社会,大学校长只有学历是不够的。随着教育体制改革和教学改革的不断深入,随着教学要求和水平的不断提高,只有学历的校长就难以适应当前的要求了。这是许多教育发达国家早已证明了的。由于科学技术日新月异,不进行知识更新的校长,都处于不同程度的老化的状态。国家应当对校长进行多方面的综合评价。校长至少应当符合以下三个标准:具有所教学科的专业知识,具有现代教育科学知识,具有现代管理科学知识。

2. 要有相当的能力

当校长的只有知识而无相应的运用知识的能力时,是不可能把学校办好的。所以,要做一个合格的校长,至少要具有以下几个方面的能力:

(1)调查研究的能力

校长应该充分发挥校长的计划、组织、指挥、监督和协调的作用,加强调查研究的能力,全面落实党的教育方针和知识分子政策,对教育部门的指示全面贯彻到底,从而长期提高教学质量。因此,校长应当自觉提高调查研究的能力,特别是要提高对教学过程和教学管理过程进行调查研究的能力。

(2)调动教师积极性的能力

这是校长的一项基本功,也是办好学校的一个重要条件。调动教师积极性的主要方法有以下三种:一是进行思想政治教育,主要内容包括形势教育和爱国主义育。二是进行精神鼓励和物质奖励,主要包括表扬好人好事,设法增加教师收入。三是全面落实党的知识分子政策,切实做到在政治上一视同仁,在工作上放手信任,在生活上关心照顾。实践证明,第三种办法效果最好,不仅能消除教师的后顾之忧,使教师把主要精力都放在教学质量上,而且能激励教师为开创学校工作的新局面而充分发挥自己的聪明才智,为学生的身心健康发展而呕心沥血。

(3)组织和指挥的能力

组织和指挥的能力对校长来说也是一项重要的基本功。对于一项计划,要使计划切实可行,真正成为全校师生员工未来行动的方案,成为学校各项管理工作的基础,从而保证学生的品德、智力、体质、审美等在原有基础上不断提高。这就需要校长有相当的指挥能力。以执行计划来说,有组织和指挥能力的校长在安排每一个员工的工作时都会注意扬长避短使他们各得其所、各尽所能,使其工作关系和人际关系都能协调发展。这就能使教师和班主任心情舒畅,鼓足干劲,力争上游。有了这样的校长,师生员工就有了主心骨,就能使十分繁杂的学校工作有条不紊地进行。我国有不少德高望重的老校长都有这种指挥若定的能力。这种指挥若定的能力同这些校长的素质、水平高有密切的关系,但也都是校长在工作中有意识地锻炼与培养出来的。所以,中青年校长缺乏经验是暂时的,只要在工作中有意识地锻炼,虚心向这些有经验的老校长学习,都可以提高组织能力和指挥能力。

3.要有相当的修养

真正有威信的校长,对校风建设有着十分重要的意义。一方面,一个真正有威信的校长的倡议由于得到信任而能迅速地变成群众的实际行动;另一方面,学校里每天发生着一些社会性的问题,一些人与人的矛盾和冲突。有些问题虽与教育工作无直接关系,却与教育对象或教育者有关。此时,有威信的校长只要几句话,只要能坚定地表明一下态度,就能平息一场风波,而使当事者有所警悟。有威信的校长在作出决定之后,能得到群众支持,产生舆论力量;在经历失败之后,他们也容易取得群众的谅解,发挥有效的管理作用。

校长的威信高低的最重要的决定因素,还是校长自身的道德修养。道德品质的高尚低劣,对校长树立威信直接起着决定性作用。

(1)要有为人师表的修养

校长要有高尚的道德品质,崇高的精神境界,能为人师表。这种道德品质和精神境界是共产主义世界观的一种反映,不是一朝一夕能够形成的。所以,校长要自觉地通过社会观察和实践,通过自己的业务实践,通过学习理论思想来提升这方面的修养。许多老校长成为师生员工敬佩的人物、学习的榜样,同这方面的修养有很大的关系。

(2)要有以身作则的修养

小到作息时间、生活细节,凡是要求师生员工遵守的,校长要带头遵守;凡是要求师生员工执行的,校长应该带头执行。这就叫以身作则。师生员工对校长的评价依据不是校长的宣言,而是校长的行动。所以,校长要真正成为师生员工可信赖的人,就要有以身作则的修养。

(3)要有破旧创新的修养

随着管理体制改革的深入,教育改革也势在必行,提升破旧创新的修养就成为校长的当务之急。提升这方面修养的根本在于校长应有多出人才、快出人才的责任感和紧迫感。如果有这样的责任感和紧迫感,校长就可以通过实践积累经验。

(4)要有光明正大的修养

社会主义学校的校长本来就是光明正大的。尽管校长的水平有高低、能力有强弱,但都认为光明正大是理所当然的。在广大教育工作者的共同努力下,在形成良好校风的过程中,各校的校长都发挥了很大的作用。我国的知识分子是讲究道德品质的。光明正大是道德品质高尚的一种表现。所以可以信赖的校长都要有光明正大的修养。

（5）要有平等待人的修养

校长应具有依靠教师办好学校的思想，在工作上与教师互相帮助、互相监督、互相批评、互相促进。校长既是教师的领导，又是教师的同志，也是教师的知心朋友。这样的校长，大都懂得教师心理和工作特点，尊重教师人格，尊重教师劳动，努力为教师创造提高教学质量的条件。"人之相知，贵在知心。"校长懂得教师的心理是充分发挥教师聪明才智的一个重要条件。有了这个条件，才能使教师鼓足干劲，力争上游。

（6）要有兼听则明的修养

好的校长应该做到"言必信，行必果"，成为师生员工敬佩的人物。校长成功的秘诀应该是能够经常同师生在一起，谈笑风生，对师生的思想、生活、作风、学习情况了如指掌，也能及时了解群众对学校决策的反映、意见和建议。对凡是涉及教学质量的决策，好校长应事先广泛听取不同类型师生的意见和建议，经过集体分析研究，把最正确的、最切实可行的意见和建议集中起来，再贯彻下去，使之成为全校师生员工的自觉行动。

（7）要有科学管理的修养

现在办学校和以前不同。一切学校工作都应适应培养时代需要的人才的要求。而靠经验管理或行政管理，都不能适应这个要求。现在的校长要想有科学管理的本领，就要有科学管理的修养，要精通生产的一切条件，要懂得现代高水平的生产技术，要有一定的科学修养。科学修养是校长无论如何都应当具备的修养。现代社会的教学质量管理，比过去任何时候都艰巨复杂。所以，新校长、老校长都需要提升科学管理的修养，在现代管理科学的指导下进行管理，在管理的实践中加深对现代管理科学的理解，并熟练运用。这是当前提升这方面修养的主要途径。

（三）校长队伍的建设

1.改革学校干部制度

我国应改革学校干部单一的任命制为任命、选举、招聘等多样化的制度，以适应时代发展的需要。

根据国务院对企业领导干部实行国家统一考试的决定，根据许多国家对校长实行考试制度的经验，根据我国进行教育体制改革和教学改革的需求可知，通过国家考试来选贤纳士是保证校长质量的一项重要措施。校长候选人必须通过国家统一考试，并取得考试合格证书，才能参加选举或招聘、接受任命。上任之前要同教育行政部门和本校教职工签订逐年提高教学质量的合同，并且在教育行政部门的领导下，在师生员工的监督下，履行义务和职责。

2.大力加强干部轮训工作

校长应让所有在编的工作人员都分期分批参加轮训。轮训以后，根据工作需要和实际考核，校长可以对他们的工作作出相应调整。轮训干部是提高干部素质的一项重要措施。全体干部都要充分认识到现代化建设的需要，积极参加学习。

3.做好老干部的工作

校长应当创造条件，使年事已高的老校长既能解脱第一线工作的繁重负担，又能使他们的丰富经验在传帮带中继续发挥作用，使大批德才兼备、年富力强的中年干部，能够及时得到更多实际有效的锻炼。新老干部的合作和交替问题，是关系社会主义事业的大事。我们应该以高度的革命事业心来完成这个历史任务。

六、做好一支合格师资队伍的建设工作

教师是办好学校的主要依靠力量。建立一支有足够数量的合格而稳定的师资队伍，是实行义务教育、提高教育质量的根本大计。建设一支具有竞争力的高素质师资队伍，是保障高校教学质量的关键所在。因此，高校管理者必须全面提升师资队伍素质。此外，教学质量的提高与高校教学工作相关的所有人员都有着密切联系，尤其是与教学管理队伍人员素质紧密相关。

师资队伍是一所大学的灵魂，决定了学校的教学质量、科研活动质量、人才培养质量和社会服务质量，是一所大学的生命所在。提高教学质量和办学效果的根本在于抓好教师队伍的建设。因为教学质量提升和师

资队伍的建设之间存在着密不可分的关系。

(一)处理好教师观念与教学质量之间的关系

教师的教学行为对教学质量有重要影响,教育理念又是决定教学行为的重要因素。所以,管理者应首先引导教师改变教学观念、抓好教学质量。解决好"教师观"和"学生观"这两个方面的问题,是转变教学观念的关键。

重新定位教师功能和角色是转变教师观的重要方式。教师的教学目标究竟是对知识进行讲解和传授,还是通过对学生的学习进行引导和促进,使学生的思维品质得到提升,是管理者必须深入思考的问题,更是原则上的问题。

事实上,教师的角色是一个引领者,他们在学生的学习过程中起到引导、促进和帮助的作用。使学生学会学习、学会思考才是教师的教学目的。

当前的学生观主要强调的是在教学实践中尊重学生学习的个体差异,为学生的学习能力的提高,找到科学合理的方式方法,并遵循学生的学习规律。教师只有转变之前不科学的学生观,才能真正确立学生学习的主体地位。

此外,教师的观念转变,一方面需要相关的理论指导,另一方面需要教师不断在教学过程中进行反思,从而达到提高认识和转变观念的目的。

(二)处理好课堂教学与教学质量的关系

教学质量管理工作必须深入教学第一线,否则教学质量管理工作就难以收到实效,管理者也难以和教师深入地切磋和交流,难以进行切实有效的教学指导,或者只是凭借考试结果进行评价,因而难以保证教学的质量和效果。诚然,考试结果虽然十分重要,但更重要的是过程。管理者应组织教师不断研究和解决教学过程中出现的问题。同时,管理者要针对一些对教师教学行为带来干扰的、似是而非的模糊认知,引导教师结合自己的教学实践冷静地思考。

(三)处理好教学方法与教学质量的关系

教学方法对教学质量有影响是毫无疑问的。良好的教学方法有利于学生在更短的时间内掌握知识的真谛,在相同的时间内掌握更多的知识或更深刻地理解所学的知识。相反,如果使用的教学方法不恰当,尽管教师十分努力,学生也付出了很多精力,学生也无法有效地掌握所学知识,因而无法保障教学的质量。可见,探究教学方法在提高教学质量中十分重要。因此,管理者要积极鼓励和帮助教师设计出个性化的教学方法。总之,教学方法和教学成效之间存在着某种密切联系。这就要求教师注重积累经验,注重分析这种相关性,注重确立检验成效的标准、内容和方法,通过考查学生自学能力,优化学生思维品质,切实保障学校工作的整体推进。

七、做好稳定管理结构的工作

能量的大小代表着办事能力及其作用的大小。能量分级,就是按照能力大小,把人组织到相应的能级中去,使每个人都能发挥特长并做好工作。作为高校领导干部,其能力的强弱主要表现在贯彻党的教育方针、完成双重任务的过程和结果上。能力强的领导干部,在同类型的学校中,取得的办学成绩就比较好;能力弱的干部,在同类型的学校中,取得的办学成绩就比较差。但是在集体劳动中,能力大小及其作用和结果如何,与组织是否合理有密切关系。总能量低而组织合理的集体,比总能量高而组织混乱的集体办事效率高,办学质量好。在任何一个单位和学校中,管理能级都是不以人们的意志为转移而客观存在的。现代管理的任务就是要建立合理的能级,使管理的内容处于相应的能级中。在运用能级原理时,要注意以下几点。

(一)必须按层次建立稳定的组织结构

现代管理不是随便分级的,各级也不是可以随意组合的。稳定的管理结构应当是正立的三角形。倒三角形、菱形之类的结构是不稳定的。从表面看,梯形是稳定的,但它实际上可以分解成许多三角形,其中必然有倒三角形,此结构必然是不稳定的。因此,只有按层次建立稳定的组织结构,才能将管理能级的作用发挥出来。

(二)不同能级应有不同的职权

校长的职权大于教导主任,他的教学水平和管理水平,就应当高于教导主任。教导主任相对于教师,也应是如此。如果学校出现了校长水平不如教导主任,教导主任不如教师的现象,就要研究改进,以免因此给党和国家的教育事业造成损失。校长、教导主任和一般职员管理范围不同,内容不同,责任不同,权力大小和贡献大小不同,因而其所应得到的精神奖励和物质奖励也不应相同。这是学校体制改革应当考虑的一个因素。有效管理不是平或消灭权力,也不是不要精神鼓励和物质奖励,而是根据不同的能级及其贡献,给予相应的职权,给予适当的职权,给予适当的精神鼓励和物质奖励。

(三)做到人尽其才

各种管理岗位有不同的能级,人也有不同的才能。现代科学管理应当使具有相应德才的人处于相应的能级岗位。这就使人尽其才。指挥人才应具有高瞻远瞩的战略目光,出众的组织才能,能识人用人,多谋善断,能坚持党的基本路线,有强烈的革命事业心和责任感。反馈人才应该思维敏捷,见多识广,接受新鲜事物快,综合分析能力强,能如实反映情况。监督人才应该公道正派,铁面无私,直言不讳,能够坚持真理,没有权力欲望,熟悉业务,能够联系群众。执行人员要热爱教育事业,任劳任怨,埋头苦干。实行教学质量管理的学校校长的一个极为重要的任务,就是知人善任,做到人尽其才。要想真正做到这一步,就要具备相当的思想理论水平,就要有一定的人才学知识和现代科学管理知识,这是按照能级原理组成稳定的管理结构不可缺少的两个条件。

第三章 高校教育教学中的
学生管理创新

第一节 当前高校学生的特点

一、思想认识多元化

(一)坚定的理想信念

相关学者的调查数据统计结果表明,目前我国大学生在思想政治方面的状况总体来讲是积极的、健康的、向上的。不仅如此,大学生能够十分理性地看待国家在发展过程中所面临的问题、机遇,保持较高的爱国热情,对稳定的经济、政治局势的未来发展充满信心。

相关调查数据显示,大部分大学生对涉及民族尊严,乃至国家根本利益的问题颇为关注。当今的大学生将自己的未来与国家发展联系在一起。这充分体现了当代大学生对国家未来发展的关注度,以及对祖国的热爱之情。

(二)务实进取,积极实现自我价值

就目前而言,务实进取、健康积极地学习和生活是大学生的主流价值观和人生观。他们注重自我价值的实现,且愿意为社会发展做出贡献,也愿意将社会贡献和个人价值的实现统一起来。

大学生对价值的基本判断是大学生健康积极人生态度的一个表现途径。例如,在人与人之间的关系问题上,大部分学生对"利益最牢靠"这一观点持反对意见。除此之外,对于类似"帮助他人自己会吃亏"等观点,大部分大学生表示反对。从上述这些内容中就不难发现,当代大学生有着强烈的历史责任感,他们务实进取,极其渴望将自己的全部才华施展出来,为社会,乃至国家贡献出自己的一份力,事实也证明,大部分大学生在国家、集体和个人三者利益关系问题上选择了服从国家和集体的利益。

但需要注意的是,虽然健康向上的人生价值观是大学生目前的主流价值观,但由于部分大学生认为自我实现以及发展更为可贵,便呈现出世界观、价值观和人生观多样化的特点。

(三)注重全面素质的提高

相关调查数据显示,当代大学生对学校建设以及相关发展都颇为关注,对于有利于自身发展或是能够提高自己在社会中的竞争力的改革更是高度重视。由此可见,大部分大学生是赞同深化教学改革、全面推进素质教育的。除此之外,大部分大学生对自主创业以及对毕业生就业制度的改革也持有肯定态度。相关调查结果显示,大学生一致认为,高校后勤社会化改革增强了其相关社会服务意识,并在一定程度上改善了学校的生活环境以及学习环境。

社会竞争越发激烈这一现实情况是身处校园的大学生所深知的。面对这样一种局面,大部分大学生希望通过不断学习来提升自身在社会中的竞争力,从而获取一个较高的就业起点,获得发展上的主动权。与此同时,大学生也深知,在竞争激烈的现实社会中,仅具备单一的专业知识是不可行的,自身除了具备相应且足够的专业知识和技能,还要具备一些其他素质,即提高自己的全面素质。

二、性格特征复杂化

(一)心理及个性化发展的不协调性

目前大多数大学生都是独生子女,自我意识和竞争意识较强是他们的显著特征之一。同时,他们还追求个性化的发展。正因如此,目前大学生的自控能力相对较差,团队协作精神和集体主义观念也都相对较弱,心理素质不高。在这样的背景下,部分大学生很容易因环境不适、学习压力大、恋爱受挫、人际关系不协调以及就业压力等而产生心理障碍,从而对学习或社会产生排斥心理。还有部分大学生并不了解社会竞争具有复杂性,而对学校和社会的期望值过高,以致于在现实情况达不到自己的期望时产生强烈的挫败感。他们虽然具有较强的自我意识,但对实现自我价值的过程中可能会遇到的困难了解尚浅。

(二)自主学习与专业成长的不协调性

大学生就像吸水的海绵一样,迫切想要了解新鲜事物,乐于吸收多元化的新观念。他们有着较强的自主选择知识进行学习的欲望和需求,对选择知识的目的性较以往相比也有所增强。但仅从这个层面来看,大部分大学生只是对自己喜欢的或眼前的一些热门事物比较关注,而对自己的相关专业、知识、能力等方面的判断仍会出现一定误差,相对而言没有什么长远的目标及要求。

三、生活、学习方式多样化

(一)生活方式多样化

生活方式指人们在衣食住行、民俗风尚、爱好、文化活动等方面的行为习惯和方式。曾有相关人员对大学生生活方式相关内容进行过调查,其调查结果显示,每个大学生都有属于自己的生活方式。言外之意,每个学生的生活方式都有所不同。由此可见,大学生的生活方式趋于多样化。

除了性别、地域、个人爱好等不同的原因,大学生的生活方式之所以呈现多样化,是因为他们在经济状况上存在差异。相关调查数据显示,目前我国在校贫困大学生比例接近 30%。可以毫不夸张地说,我国几乎每所大学之中都会有贫困生的存在。这些贫困生并不仅来自偏远的农村,还有部分来自城镇且已经占据贫困生总人数的一半之多。这些贫困生大多来自经济条件相对较差的家庭,他们一般通过政府良好的政策,以及"奖、贷、勤、补、减"等五位一体的"联动助学"的机制,获得资助来完成学业。

(二)学习方式多样化

大学各类活动颇多,知识浩如烟海,为大学生的个人发展提供了十分广阔的天地。但运用什么样的学习方式才能将课本与课外知识有机结合起来,如何对专业学习能力进行培养和提高等问题,是大多数大学生所面临的一个重要问题。

除了听课这一学习方式,大学生还可以进行多媒体学习、学术交流、社会实践等,来提高自己的专业技能,以及拓宽自己的知识面。实际上,上述这些学习方式在中小学时期也是可以的,只不过在大学中更容易被采用。曾有学者做过相关问卷调查,调查结果显示,有的学生只会采用听教师讲课的方式进行学习,而有的大学生则可以灵活自如运用多种方式进行学习,还有一类学生马上面临毕业了却还不知如何在校图书馆查阅各种资料。由此可见,大学生应当掌握多样学习方式进行学习。

实际上,大学生有多种学习和获取知识的方式和渠道,特别是随着素质教育的实行和学分制的推行,大学生在自定目标、自选专业、自修课程和自我发展意识方面的能力有所提高,特别是随着大学后勤服务社会化的不断完善,以及大学生居住趋于公寓化,因学习、住宿而结识的大学生群体规模不断扩大,而以班集体为主的学生组织形式被逐渐弱化。

第二节   高校学生管理的改进对策

一、明确管理目标

(一)让学生形成正确积极心态

俗话说:"心态决定一切。"仔细想想,这句话并非空穴来风。大学生是祖国的未来和希望,应当具有社会责任感。

仅凭教育是不能改变现状的。高校还要鼓励大学生积极参加多样化的社会实践活动,帮助他们认清并接受社会现实,并对这个社会产生爱意,让他们自愿为社会做出贡献,使他们对"国家兴亡,匹夫有责"有更为深入的了解,要让他们学会理性思考,而非绝对服从。

(二)传承优秀文化,培养学生的良好品行

优秀传统文化属于现代文明的宝贵财富,所以培养他们的团队合作能力是有必要的,培养他们的付出心态也是有必要的。高校要引导大学生做一个集尊老爱幼、文明礼貌于一身的品行良好的人,从而推动我国文化发展。

(三)培养学生模仿性意识与能力

我们要引入先进理念和技术,而后进行消化,对其进行完善和提高。因此,高校应当对大学生模仿性创造意识与能力予以培养。

二、树立科学管理理念

(一)管理必须以学生为中心

1. 强调人的主体性

我们知道,人作为活动主体的质的规定性是人的主体性。这是人类在认识并对外部世界和自身进行改造的过程中所表现出来的自主性、主动性和创造性。就此观点而言,在学生管理工作中,大学生既可以被视为管理主体,又可以被视为管理客体。这是因为高校学生管理的本质是对大学生进行相应管理。而仅从管理的决策、组织实施、最终目标的实现来看,需要大学生的参与。如果在管理的过程中没有大学生的参与,该管理工作可以说是毫无意义的。由此,我们可以认为大学生是高校管理工作中的主体。

在高校学生管理工作中,学生是被管理者。这是因为在管理过程中,大学生需要管理者的相关引导。如果仅从该方面来讲,大学生便无疑是管理客体。

由此可知,大学生既是高校学生管理工作的主体,又是高校学生管理工作的客体。简言之,在高校学生管理工作中确立"以大学生为中心"的思想是十分必要的,也是十分重要的。因为这一活动的实施归根结底是为了更好地服务于大学生。所以相关人员有必要尊重大学生的人格特

点,并最大限度激发出学生所具备的主动性与创造性,使其能够主动接受管理,并以主体的姿态参与到自我管理活动之中。

2.注重人的主观特性

人是有思想感情的。这一点毋庸置疑。人的认识过程相对而言是一个较为复杂的系统。理性思维是建立在欲望和情感的主观性层面上的。正如俗话所说的:"理乃情之所系。"从这一点不难看出,人的欲望、情感和基本要求是社会的根本动力。如果人类的情感和非理性本能要求被长时期压制的话,就不会有什么所谓的理性之光的存在。

相关心理学家的研究表明,人与人之间必须具备一定的心理基础,才能进行相关信息的交流与传递。如果相互交流的教育者与受教育者之间是建立在信任的心理基础之上的,受教育者便会很愿意并顺畅地接受教育者所发出的信息、目标、要求等,且受教育者在此过程中会产生积极的行为效应。

高校学生管理者和大学生是组成高校学生管理工作的两个重要组成部分。简言之,他们是由"人—人"构成的管理系统。在整个管理过程中,应该对师生情感加以重视,这样才能调动大学生的积极性和主动性。所以,要消除管理制度中的冷漠性,就需要加入情感因素,使其作为润滑剂,从而提高管理效率。

所谓情感管理,即管理者在管理过程中,尊重人的个性特点,以及考虑人的情感因素。在学校中,情感管理强调教师与学生之间的双向情感交流,反对和防止任何践踏和伤害学生情感的管理行为。要做到"以情感人",相关管理者就要在办事过程中做到急学生之所急,想学生之所想,真心实意地为学生服务。除此之外,应当及时与学生进行沟通,争取在短时间内对学生的实际情况有所了解,从而有针对性地给予帮助和引导,达到最终的教育管理目的。

3.尊重人的个体多样化

(1)以学生为主体

市场经济中有一个颇为重要的理念,即"客户不一定对,但是客户很重要"。我们都知道,学生是学校的主体。这是不可否认的事实。学校应当以学生为中心。如果将上述所说的市场经济重要理念与学校教育结合起来,就可以得出"学生不一定都对,但是学生很重要"这样的理念。

相关管理者认清并接受了这个理念之后,就一定能做好学生管理工作。师生之间的关系应当是和谐的,而不应当是对立的。教育与被教育之间的关系也是相辅相成的。因此,各高校定期举办师生交流活动是很有必要的。因为学生在接受教师教育的同时,也对教师产生一定的影响;而教师在教育学生的同时,也在接受教育。

(2)学生管理工作应当重在服务

服务是高尚的,是相互的。可以说,每个人都是服务的对象。"以人为本"是切实的,相关管理者不应当只将之作为口号喊喊便不了了之。

(3)强调自我管理模式

该管理模式主要指的是学生在学校的正确指导下,运用现代科学的管理方法,根据学校教育的培养目标要求和教育目标对自己的行为和思想进行自我调控。

要知道,激发学生的主动性、创造性和积极性是高校学生管理工作的重要目的之一。从多个角度来讲,高校管理的主客体具有相同的目标,即学生希望自己能够成才,管理者希望培养出优秀的学生。

在信息、经济和科技发展迅猛的时代,学生管理工作应当向学生自主管理转变,以便更好地适应新情况和新形势。在此过程中,学校管理者要让学生了解学校的管理目标,从而消除学生在被管理的过程中所产生的对抗情绪或消极思想,从真正意义上化管理为大学生的自觉行为。从心理学角度来说,没有谁喜欢被他人管理,人们往往受领袖、楷模等的影响,但很难接受管理。学校管理者在学生的自我管理过程中应该做到以下几点:

其一,让学生自己设定管理规范。因为这样在执行的过程中,他们的自觉性会更强。

其二,少一些限制,多一些自由;少一些制度,多一些文化。

其三,使学生主动参与到学生管理之中,并使其在该过程中充分发挥自己各方面的潜能,锻炼自己,同时约束自己的行为,最终成为具有健全人格、符合社会主义公民标准的人才。每一个学生都应有管理他人的机会。这样可以提高学生之间的理解能力和沟通能力,同时发现更多人才。但需要注意的是,在强化学生自我管理的同时,不要忘记帮助学生寻求及明确自我管理的最终目的和意义,引导学生正确运用自我管理的方法。

（4）以表扬为主,建立激励机制

该方法主要是通过对学生的动机进行激发,并且引导学生的行为,最终使其能够将内在潜力最大限度地发挥出来,从而实现自己制定的目标。常用的激励方法有以下几种：

其一,目标激励法。该方法主要可以增强学生的责任感。在激励的过程中,通过对学生制定各种目标来引导他们不断朝着目标奋进,使他们在学习、工作等方面有奔头。

其二,信息激励法。这种方法主要使学生产生危机感,使其在学习和工作过程中有适度的紧迫感。这种方法主要是通过交流与反馈学生信息来达到使其奔着目标前进的目的。

其三,理想激励法。这种方法主要可以增强学生的自豪感,使学生朝着自己的理想奋进,实现自己的价值,努力积极面对生活、学习、工作等。

其四,精神激励法。这种方法主要通过授予或者表扬的形式,使学生不断前行,但这种激励方法主要是从大学生的文化精神生活方面出发的。

其五,物质激励法。这种方法主要可以调动起学生的积极性,通过一些物质奖励来满足大学生的日常生活需要。

（二）以引导替代限制

在社会快速发展的过程中,不管自然科学,还是社会科学,都出现了诸多新问题。面对这些问题,不论学生,还是教师,都会在不同程度上感到困惑。这说明人们不能简单地予以某些事物绝对肯定或者否定。

相关实践证明,管理者要善待少数人,因为他们手里往往握着真理。针对那些一时不能解决的问题,先不要去下定义或结论,尤其是对与学生创意有关的事物。管理者需要做到的只是告诉学生什么是不可以做的，什么是可以做的，什么是底线，等等。

对一些思维比较活跃的学生，管理者不应当责罚或歧视，而是应当加以引导。师生之间也应当建立起相对和谐良好的关系，心平气和地进行沟通，相互间进行平等交流和互动。

三、完善学生管理体制

其一，不断加强和完善学生的工作机构建设，同时强化其组织协调功能，进一步梳理学生管理系统的各部门以及层次、岗位职责等，做到各岗位人、责、权的统一。

其二，促进基层作用的发挥，适当放权。与传统高校管理体制有所不同，当前的高校管理体制担负着双重任务，即对学生进行思想教育和行政管理，且该双重任务主要以校、系两级职责分明、条块结合的学生工作运行机制和网络为显著特征。所以，基于该层面，各系应当具有开展学生管理工作的职责和权力，还应当做到责权统一。也就是说，要想及时发现并解决问题，高校就要适当下放管理权给系。这对管理工作效率的提高也是有所帮助的。

其三，在适应学分制的同时，推行和实施年级辅导制。这主要是为了进一步强化以系为单位的年级管理，从而提高专业教学与班级管理间的融合度。需要说明的一点是，上述这种做法并不意味着对班级管理的否定，因为基于学分制的学生班级实质上还是相对重要的学生单元组合，因此应当被纳入学生管理体制中。

经过对传统高校学生管理体制和当前高校学生管理体制的深入研究，相关学者认为建立"精而专"的学生教育管理部可以改善学生管理体制。高校有责任和义务担起我国社会主义建设的重任，并培养新一代现代科学技术的传承者和创造者。

我国目前的高校学生管理实行的是纵横联合、条块结合、两极运行的管理体制。从某种层面来讲，该体制不仅观念过于陈旧，而且其效率较低,整体的管理模式单一。因此,将陈旧的分散式管理转变为集中管理,也就是"精而专"的管理,才能更好地确保思想教育计划的顺利实施。

从宏观上来看,要建立一个"精而专"模式,就需要设立一个学生教育管理部,把各个部门兼职管理的学生事务交给学生工作管理系统来处理。简单来讲,这种管理体制的结构实际上是对目前学生管理机制的分化和整合。

从某种角度上来讲,将"专兼管理"这种间接管理的模式转变为"精而专"的直接管理的模式,能在一定程度上起到积极作用。一方面,它有利于组建专业学生工作队伍,取消系一级对学生管理的中间环节,形成畅通的信息渠道,从而提高整体工作效率;另一方面,将"小而全"转变为"精而专"可以使学生管理工作形成一个相对专一的学生工作体系。

除此之外,高校学生教育管理部还有以下几点作用:

其一,随着科技、经济、信息的不断发展,高校学生教育管理工作也发生着巨大变化。由于它所涉及的内容十分广泛,也就决定了它的内容相对复杂。学生教育管理部的出现,使招生、奖惩、勤工助学、心理咨询、就业等一条龙服务得以顺利实现,为大学生的健康成长,以及未来的就业提供了较好的服务保障。由此可见,它使学生服务体系更为完善。

其二,高校学生教育管理部的出现,减少了诸多中间环节,摆脱了复杂局面,使工作更加迅捷有效。且不说如此,高校学生教育管理部具有一致的工作目标,而且其工作具有专一性和稳定性,这便为高校学生管理奠定了专业化基础。除此之外,各系在该体制下不再对学生进行管理,各系的领导便可主抓教学改革,从而使高校的整体教学质量有质的飞跃。由此可见,它能在一定程度上推动学生教育管理工作向着专业化、科学化的方向发展。

其三,高校学生教育管理部的出现,使全体学生管理干部一并进行统一管理。这使相关人员的属性趋于一致,为高校学生管理干部素质的提高提供了有利条件。除此之外,这种相对集中的管理,对日常的工作安排而言也是极为方便合理的。由此可见,它能够在极大程度上提高工作效率。

四、健全学生管理制度

(一)依法制定相关制度

在对大学生进行管理的过程中,高校应当根据相关法律来制定并实施各种规章制度。除此之外,应当对现有的一些规章制度进行完善或者必要的清理。高校应当保留和继承之前有效的改革方法,摒弃那些无效或效果不佳的方法,还要使制度与当代社会法制和依法治校原则的要求相符。最重要的是,要使学生享有合法权益。这样才能切实体现出规章制度的存在价值。

(二)更正相关理念

在管理学校的过程中,管理者应当时刻将法律作为最高权威和依据。因为法律不仅具有预防、警戒和惩罚违法行为的基本功能,而且具有指引、评价和预测人们行为,保护、奖励合法行为,以及思想教育的基本功能。

五、改进学生管理方式

(一)学生管理工作进网络

1.加强思想教育

提高大学生自控能力是有必要的。高校应当定期举办一些关于网络知识、心理等方面的讲座,针对学生上网问题,向学生进行正反两个方面的思想教育,从而使学生形成责任意识,让他们懂得分辨健康与非健康的相关信息内容,增强他们分辨是非的能力。

2.加强网络管理

第一,各大高校应当从校园网主页的质量方面入手,严格入网要求。

第二,各大高校应当与校园外界网吧进行联系,防止有害信息入侵。

第三,各大高校应严格控制学生上网时间,确保其不会因熬夜过度而影响身心健康。

3.鼓励和引导大学生参加健康活动

经历过高考之后,大部分学生会感觉大学相对自由,且在课程时间安排上比较宽裕,就会有诸多闲暇时间。高校应当充分利用这些闲暇时间,开展一些健康向上的活动,如计算机比赛、古诗词朗诵大赛、校园歌手大赛等,并鼓励和引导学生参与活动,使学生在闲暇时间既能放松心情,又能得到各方面的锻炼。

(二)学生管理工作进社团

1.提高校园社团文化的活动层次

目前,我国在建设校园社团文化的过程中,出现了"三多三少"现象:社团名目多,但具有吸引力的少;娱乐型内容较多,涉及思考以及启发型的内容相对较少;校园内部的活动颇多,但真正能够拿出去的东西少之又少。

造成上述这种现象的原因主要是校园社团文化活动层次普遍较低,所以加强校园文化建设是有必要的。高校应当使其更符合大学生现阶段的理解和欣赏水平。

2.加强对学生社团的管理

其一,学生社团应当在法律、宪法、校园规范内活动,应当服从学校的各项管理规定。

其二,当学校社团需要邀请校外人员举行相关学术或社会政治活动时,应当经过校方同意。

其三,学生社团内创办的面向校内的刊物,须经学校批准,并接受学校管理。

3.重视文化活动的长期性与实效性

部分高校只有在一些重要节日才举办相关活动,在其他时间举办的活动次数屈指可数。这种只追求轰动效应的行为,是不能在真正意义上使学生从中受益的,且这种行为也符合当今教育的要求。各高校应当减少或避免这种现象的出现。由此可见,各大高校应当重视开展校园文化活动的实效性和长期性。

第四章　高校教育教学中的教师管理创新

第一节　高校教师的发展现状与工作特点

一、高校教师队伍的发展现状

随着国家经济的快速发展,高等教育也迎来了飞速发展时期。在高等教育大众化的过程中,高校教师规模不断扩大,师资队伍建设不断加强。师资队伍的结构逐步完善,教育水平大大提高,整体素质明显提升。师资梯队建设取得重大进展,学科带头人和骨干教师队伍不断壮大。随着高校人事制度改革的深入,就业效率大大提高。高校教师结构进一步优化,积极性增强。教师人数不断增加,师生比例大大提高,教师社会地位和经济待遇的改善,以及生活和工作条件的改善,吸引了更多优秀人才加入高等学校教师队伍,高校教师教学科研成果不断出现,高校教师已成为我国知识创新和技术创新的重要力量。

二、高校教师的工作特点

(一)教书与育人相结合

高等学校的教师是教学、科研的主力军,承担着传授知识、培养技能、发展科学的光荣使命,同时又要承担教书育人,培养学生形成正确的世界观、人生观和价值观的重要职责。教书水平、育人效果好,将教书与育人紧密结合起来,已成为一名优秀的高校教师标准。只教书不育人的教师已成为不合格的、不适应现代教育发展要求的教师。教师在提高知识传授、知识运用能力的时候,也要提高自己的育人能力,使自己真正成为学生的导师、育人的模范。

(二)复杂劳动和创造劳动相结合

高校教师培养目标的高标准和高层次,教育工作的学术性和探索性,决定了高校教师工作的高度复杂性和创造性的工作特点。高校教师工作作为一种复杂的劳动,需要渊博的专业知识、丰富的教学经验、独立的研究能力和较高的政治水平。教育对象的文化层次、年龄特征等又增加了工作的难度和复杂度。同时,高校教师要在有限的时间内把丰富的现代科学文化知识加工成学生能接受的信息,进而转化为学生的智慧和才能,还要培养学生的良好品德、行为和习惯。这些都需要通过教师的创造性工作来实现。

(三)个别劳动和群体劳动相结合

高校教师不实行坐班制,他们一般采取个别活动的方式来工作。无论在教学、科研上,还是在思想政治工作中,教师都有较强的灵活性和独立性。他们的工作时间、地点不受时空的限制,可以在 8 小时之内,也可以在 8 小时之外;可以在课堂上、教室中,也可以在其他场所。这种工作方式可以充分发挥教师的积极性、自觉性、主动性和创造性。另外,教育也是一种群体合作的工作。因为培养人是一项系统的综合性的工程,需要学校各方面的部门和人员的合作才能完成,即;需要教师的个别劳动与教育工作者的群体劳动相结合、相配合才能完成。单纯强调其中的一个方面,而忽视其他方面,是片面的、不和谐的教育。

第二节　高校教师在学校发展中的地位

一、教师是学校发展的战略资源

教师在学校发展中具有非常重要的地位,是支撑学校发展,甚至是整个教育事业发展的最重要资源。或者说,教师是学校发展的第一资源,是学校发展中的最难替代的生产要素。学校是传授知识的场所。

所谓战略性资源原指在战争之中对全局起到重要影响的资源,现在泛指对某一事物、现象或者组织的总体走向起着重要作用的资源。在知识传授的场所中,传授知识者必然是其战略性资源。因为,在知识传授的场所中,唯有知识的传授者能够持续不断地为其存在和发展提供动力。

在学校组织之中,教师通过参与"教与学"这一学校核心活动,将自身的知识传递给学生,提升学生素质,发展学生能力,为学校组织的存在和发展提供动力,保障学校正常运转。从根本上说,学生的发展是学校的立校之本,培养学生是学校存在的最基本理由,学生的培养质量是学校的核心竞争力。也就是说,通过"教与学"活动的开展,教师用自己的人力资本为学校的发展持续不断地提供着不可替代的资源。

设立学校及其他教育机构必须具备的四个基本条件之一,就是要有合格的教师。仅此便可以看出教师对学校而言属于不可替代的战略资源。教师是学校发展中的不可替代的战略资源主要体现在以下两个方面:

(一)专业性使教师成为学校发展中不可替代的资源

专业性是指从事某项职业需要满足的一定的专门知识和技能标准。一般来说,专业标准主要包括:从业人员在工作时必须运用专门的知识和技能;从业人员必须经过长期的训练才能够胜任;工作要为社会发展提供不可缺少的服务并强调服务精神,而非过分强调经济报酬;从业人员在其专业领域具有较大的自主权;从业人员需要有一定的职业道德约束;从业人员需要不断进修才能够保持其专业性;从业人员必须获得较高的社会评价。

1. 从事教育工作必须广泛掌握多方面知识

从教师职业的准入制度来看,从事教育工作必须运用一定的教育教学知识和技能,并且需要在某一领域广泛掌握所要传授的知识。未能掌握基本教育教学知识和技能的教师显然不是合格的教师。世界各国对教师都有一定的准入制度。其中,教育教学知识和技能是必须经过考核的项目。在教师职业的准入制度中,不同层级教师的知识水平和学历水平也是重要的考核内容之一。取得高等学校教师资格的人员应当具备研究生或者大学本科学历。

2. 从事教育工作必须经过较长期的训练

我国教师职业准入制度虽没有明确规定教师必须是接受过师范教育者,但是目前主要来源于师范院校毕业生。大部分教师在师范院校的学习时间一般都超过 3 年,经过一个较长期的训练过程。

3. 教师职业为社会发展提供了不可缺少的服务

教师是培养社会人才的重要职业,为社会输送大量优质人力资源。在现代社会之中,人力资源已经超越资本而成为第一资源。教师在社会人力资源开发中扮演着非常重要的角色。人力资源研究者认为人力资源的开发主要有两大途径:一是通过科学有效地对现有人力资源进行配置,发挥现有人力资源的最佳效益;二是大力发展教育,通过教育手段不断提高人的受教育水平,增加其知识和技能,以此提高人力资源水平。

从根本上说,社会人力资源的开发取决于教育的水平和质量,而教师作为学校教学活动主体,通过教育活动为社会提供了培养人才、开发人力资源等不可或缺的服务。实践也证明了教师职业并未也不可能完全依靠物质激励得以维持。教师职业事实上更多地强调一种服务精神:服务学生,服务社会。现在所提倡的"以学生为中心""生本教育"以及大学社会服务职能的衍生都体现了教师职业的服务精神。同样地,一些对教师职业的赞扬之词也表明教师职业的服务精神,比如将教师比喻成蜡烛和春蚕。

4. 教师必须坚守严格的职业道德

教师职业如同其他专业化的职业一样,需要遵守一定的职业道德。教师必须遵守宪法、法律法规、职业道德等,为人师表。教育关系着整个社会发展与国家竞争力的人力资源基础,也关系着中华民族伟大复兴之梦想的建设者的培养质量。教育事业的直接责任肩负者毫无疑问是教师。作为教育事业直接肩负者的教师如果不能坚守职业道德,教育事业就会陷入困境,社会人力资源开发将失去根本,社会发展和中华民族的伟大复兴的中国梦想也无从谈起。教师的基本职业道德可以大而笼统地概括为:忠诚奉献,热爱学生,诲人不倦。这是教师的基本义务,也是教师的基本职业道德。

教师职业具有较为明显的专业性,基本满足了专业性的几个重要标准。正是由于教师职业的专业性,教师在社会发展和学校发展的生态群落中才具有不可替代的位置,成为学校发展的不可替代的资源。

(二)教师有能力监护学校发展并具有相应公共品格

教师由于其较强的专业性、较高的文化知识要求以及处于学校"教与学"核心技术层面等而具有监护学校发展的能力。不仅如此,教师还具有监护学校发展的公共品格。教师职业的准入制度已经规定教师通常具有较高的文化知识水平。国内外的研究结果和实践都已经表明文化知识水平同个人能力和参与民主管理意愿都有着密切关系。通常,文化知识水平越高,个人能力就越强,参与民主管理的意愿也越强。

1.教师有能力监护学校发展

(1)教师对学校发展具有敏感性

教师是学校组织中占绝大多数的群体,广泛分布于学校核心工作一线,对学校发展具有敏感性。教师由于处于学校教育工作的一线,是对学生的学习和发展情况最有发言权的群体,同样也是对学校发展状况和发展方向最有发言权的群体。他们通常能够非常及时地了解学生学习、发展及学校发展的最新动向,也能够依据其专业知识预测学校发展的战略方向。教师在学校发展监控系统之中相当于无处不在的传感器,能够广泛收取来自学校发展各个方面的信息并及时进行传导。正是因为如此,教师是学校发展的最佳监护群体。

(2)教师具有分析学校发展信息的能力

文化知识水平和对知识的兴趣使得大部分教师能够自觉地了解学校外部环境的相关信息,并结合学校发展过程中的信息进行分析。外部信息、学校发展信息和教师文化知识水平相结合使得教师具备分析学校发展信息的能力,能够较准确地把握学校发展信息的实质性内容。教师能够分析学校当前发展是否偏离了环境需求、学校内在发展需求和预定发展规划偏离了多少,并能分析出主要原因并寻找解决办法。

2.教师具有监护学校发展的公共品格

美国著名社会心理学家马斯洛的需求层次理论将人的需求从低到高依次划分为生理需求、安全需求、归属需求、尊重需求和自我实现需求五个层次。其中,生理需求主要包括呼吸、食物、睡眠等基本生存需求;安全需求主要包括健康、财产、人身等需求;归属需求主要包括友情、爱情等需求;尊重需求主要包括自我尊重、被他人尊重及对他人尊重的需求;自我实现需求是最高层次的需求,主要包括道德、创造力、自觉性、问题解决能力、公正度、接受现实的能力等需求。

对教师而言,需求的五个层次同时存在。教师较高的文化知识水平和专业信仰在很大程度上决定了其需求程度在各个层次的分布状况。相对于其他职业人群而言,教师倾向于更高层次的需求。这是很多教师能够在艰苦的环境中始终坚持从事教育工作的重要原因,也是教师值得敬佩的重要方面。很多时候,教师在低层次的需求尚未得到完全满足的情况下,就会对高层次需求的满足表现出强烈的渴求。教师在对尊重需求和自我实现需求方面表现得特别明显。在很多教师眼中,尊重需求和自我实现需求比工资和吃饭要重要得多。

教师往往在学校的工作中最重视的是尊重需求和自我实现需求,所以教师通常将自己和学校发展联系在一起,认为自己和学校之间是一种共生共荣的关系,而不仅仅是一种雇佣与被雇佣的简单劳资关系。虽然薪酬会对教师,尤其是青年教师的发展和工作积极性产生重要影响,但大部分教师更关心的仍然是学校的发展,以及依托学校而发生的"教与学"活动。对一位教师而言,没有什么比培养出优秀的学生更具优越感和幸福感,也没有什么比培养出众多优秀学生更加能够实现自我价值和满足自我实现需求了。而优秀学生的培养必须依赖学校良好运转。因此,教师通常比公司员工更加关心其所在组织的发展,将个人和学校的关系视为一种共生关系。一旦教师将自己和学校之间的关系视为共生关系,他们关心、监护学校发展的公共品格就顺理成章地得以形成。

综合而言,教师对学校发展来说,既能够持续不断地提供不可替代的资源,又具有对学校发展进行全方位、全过程监护的能力和相应的公共品格。因此,教师是学校发展的战略性资源。

二、教师是学校教育质量的根基

对所有学校而言,教育质量都是其生命线,决定着其生存和发展状态。这一点可能没有任何懂行的人会质疑。即便在组织目标多元化现象比较明显的高校,教育质量也是其生命线。因为教育质量不达标的学校不能被称为学校。对一所学校而言,其核心竞争力便在于教育质量。教育质量是衡量学校办学水平与竞争实力最重要的指标和维度。一所学校的教育质量决定了其在本层次教育领域和本地区教育领域中的地位和影响力。

换句话说,只有高质量的教育,才能培养出大量优秀毕业生;没有大量优秀毕业生,优秀学校就无从谈起。所以,教育质量犹如维护学校生存和发展的发动机。由此可见,教育质量对学校发展十分重要。说教育质量是学校赖以生存和发展的基础,是学校提升竞争力、走向卓越的根本依靠也不为过。

如果将学校教育看成一个服务过程,教育质量便可以被看作一种服务质量。与其他服务不同的是,教育不能按完全统一的标准选择学生,也不应该把所有的学生改造成预先设计好的具有统一标准的"成品"。因为教育的标准本来就是多元化的。学校教育的直接消费者是学生,但是学校教育这项服务的最终消费者却不仅是学生,还包括家长、用人单位、高级学校、社会、政府等。不同消费者对学校教育的质量标准要求并不完全一致,并且不同消费者之间对学校教育服务的作用,以及与学校教育服务的紧密程度存在差异。

学校教育这项服务既不能按照完全统一的标准选择学生(原材料),

又不能把学生改造成预先设计好的统一标准的"成品"。所以,教育质量最大的可控制环节便是教育服务的过程。

在上述教育消费者中,教育过程通常是学生及其家长和政府所关注的教育服务环节。对高一级学校和用人单位而言,他们仅仅关注教育服务的结果,即毕业生身上所固有的特性能够满足其需求的程度。从技术层面讲,教育服务过程这个可控环节实际上主要是"教与学"活动的过程。而"教与学"的活动恰恰是一个复杂而又专业的过程,加之教育标准的多元化,就使得教育服务过程这个看起来可控的环节变得不怎么可控。"教与学"的复杂性和教育目标的多元化使得教育服务过程只有其核心主体的学生和教师能够直接感知。学生因心智尚未成熟或者尚未完全成熟而在对教育服务过程的理性感知和需求诉求表达方面大打折扣。

所以,教育服务过程实际上在很大程度上被掌握在"教与学"的另一个核心主体——教师之手。教师是直接具体的教育服务提供者和服务原材料(学生)的加工塑造者,还具有教师职业的专业性和教师的教学自主权。教师对教育质量的理解、教师的价值观、教师的教学态度都在很大程度上影响着教育质量。

在学校教育过程中,学生毕竟不同于工业生产中的原材料,他们是有思想、有意识的活生生的人。在"教与学"的过程中,学生具有能动性和自主选择性。所以,这个过程是一个双向互动过程。一旦教师获得了学生的认可,教师的价值观便会对学生产生长远而深刻的影响。有时,教师在"教与学"活动中的一句话可能会影响学生的一生。在"教与学"活动中,教师还扮演着管理者的角色。教师对课堂的把握和管理也会对教育服务的整体质量产生较大影响。比如,教师对课堂的管理方式、方法比较科学,整个班级的学习成绩就会偏高,而教师对课堂教学资源的分配则会对学生享受教育服务的公平性产生重要影响。

无论如何,教育质量的高低更多地会取决于教师的整体素质、价值观和行动。所以,教师是学校教育质量的根基。教育质量最重要的影响因素是教师素质、工作态度、教师发展和教师资源配置。其中,教师发展是根本性的影响因素。

第三节 高校教师管理制度与教师发展

一、教师薪酬制度与教师发展

在马斯洛需求层次理论中,教师同其他从业者在需求层次的分布方面存在差异,其更加看重诸如尊重需求和自我实现需求等高层次需求,但是作为现代社会之中生存和生活的人,他们同样具有经济人的一面,同样有着最基本的生理需求。教师只有解决物质需求的后顾之忧后,才能够有更多精力追求高层次的需求,才能够努力实现自我发展,更进一步推动学校发展和教育质量提升。教师薪酬是教师基本物质需求得到满足的前提条件,同时也是激励教师发展的重要手段。

(一)相关概念

1.教师薪酬

所谓教师薪酬是指教师因为工作劳动而获得的以工资、奖金和实物形式支付的劳动回报,有时也被称作教师劳动报酬。它是国家或者学校基于教师的劳动而给予教师个体的一种经济性酬劳,其设计和管理与教师劳动的特点密切相关。

2.教师薪酬管理

教师薪酬管理的概念有广义和狭义之分。广义的教师薪酬管理指的是教师人力资源管理的一项重要职能,涉及教师的工资、奖金、津贴、福利、服务等经济性劳动报酬分配的各个方面,包括教师薪酬水平、教师薪酬体系、教师薪酬结构、教师薪酬形式等内容,还包括教师薪酬计划的拟定、薪酬管理政策的制定等整个教师薪酬管理过程。狭义的教师薪酬管理则是指教师薪酬制度建立后的操作实施,包括教师薪酬分配的计划、组织、协调、沟通、评价等实际管理和控制工作。

(二)教师薪酬的表现形式

教师薪酬存在着多种表现形式,通常主要包括工资、奖金、津贴、福利等基本形式。不同形式的薪酬代表着不同的管理理念,不同形式的薪酬在总体薪酬中所占的比例隐含着特定的教师管理价值取向。它们对教师个体的工作行为会产生不同的影响。

1. 工资

工资是教师薪酬中的主要组成部分,是指国家或者学校对教师所承担的工作定期支付固定数额的基本的金钱形式的报酬。工资通常对其他可变薪酬的设定有着重要的影响。工资是教师薪酬中最容易被接受的部分,因为对教师个体而言,工资是薪酬中最稳定的部分,能够给教师的物质生活带来最稳定的保障;对学校而言,工资是最容易计算和进行成本控制的教师薪酬部分。虽然教师薪酬的工资形式是许多教师和学校管理者乐于接受的形式,但是仅以工资作为教师薪酬的做法也受到来自各方的批评。此外,工资通常与教师的努力程度、劳动成果没有直接的关系,很难对教师的工作起到激励作用。

2. 奖金

奖金属于可变薪酬的范畴,具有很强的激励性。教师薪酬中的奖金是指对教师工作中的超额劳动或者高于平均劳动质量的部分给予一定的金钱形式的奖励。奖金与教师的工作绩效直接相关。当教师的工作绩效发生变化时,奖金的数量就会发生变化。因此,奖金是教师薪酬中的一种典型的按劳分配形式。奖金通常具有灵活性、及时性和荣誉性,奖金形式的教师薪酬运用得当可以在很大程度上刺激教师的工作行为,促进教师积极主动地发展自我。

3. 津贴

津贴也是当前许多国家教师薪酬的一种重要形式,具有调节教师工作地域、条件等和激励教师工作的作用。它主要是指补偿教师在特殊工作条件下的劳动消耗及生活费额外支出的教师薪酬补充形式。当前,我国教师薪酬中的津贴常见的有区域津贴、生活津贴、职务津贴和职称津贴。区域津贴通常是指被发放给那些艰苦地区、边远地区和欠发达农村的职教人员的津贴,旨在鼓励教师到上述地区去从事教育工作。生活津贴主要是补偿教师某些额外的生活费用支出而设立的津贴,比较常见的是寒暑津贴和物价补贴。职务津贴和职称津贴通常是对担任相应职务、职称的教师,因现工资低于职务、职称最高等级而给予教师的补贴。

4.福利

福利也被称为边缘薪酬,是为了维护教职员工的身心健康和生活安定而在工资之外给予他们的各种补助和优惠,属于学校组织整体性报酬中的"免费赠送"部分。它可以是金钱形式的也可以是物质形式的,还可以是其他形式的,比如保险性福利、抚恤性福利、教育培训的福利、带薪休假的福利等。教师享有带薪休寒暑假的权利。还有一些学校给教师提供午餐费、交通补助、建立免费或者半收费的托儿所、俱乐部。如此等等,都属于福利的范畴。

(三)教师薪酬设计的理论依据与原则

教师薪酬的设计与教师劳动的特殊性密切相关。

1.教师劳动的特殊性

(1)教师的劳动对象和任务具有复杂性

教师的劳动对象主要是品质、性格、天赋、预备知识水平等存在差异的学生。教师在其劳动过程中需要根据不同学生的品质、性格、天赋、预备知识水平等合理分配教育资源和采取不同的教育方式方法,因材施教。教师劳动任务的复杂性还表现在教师在"教与学"活动的过程中要对学生进行全方面引导,让学生在德、智、体、美、劳等方面得到全面发展。

(2)教师的劳动还具有表率性

教师应做到"为人师表"。"为人师表"不仅体现在正常的"教与学"活动之中,还体现在教师平时的生活之中的一言一行。从"为人师表"要求的角度讲,教师时刻处于工作状态之中。

(3)教师的部分劳动具有隐匿性和灵活性

教师的部分劳动的隐匿性和灵活性决定了教师的劳动很难精确计

量。教师除了要完成正常的课时工作量,还要对学生进行作业批改、课外辅导、对个别学生进行额外教育、业务自修等工作。

(4)教师的劳动在时间和空间方面都具有灵活性

通常情况下,很难通过教师在办公室和教室的时间来确定教师工作的勤奋程度。教师不在办公室或者教室并不能代表教师没有处在工作状态。在正常的办公时间和办公场所之外,教师还需要对学生进行家访、思想沟通等,甚至有时教师散步的时候脑子里也在思考关于教育教学、科研等与工作相关的问题,并且他们此时的思考效果对工作的帮助未必就小于在办公室或者实验室冥思苦想。教师劳动的特殊性决定了教师薪酬的确定需要综合运用不同的薪酬理论和原则。

2.教师薪酬设计的理论依据

1890 年,英国经济学家阿尔弗雷德·马歇尔在《经济学原理》一书中首次提出供求均衡工资理论。该理论认为,劳动力的供给和需求之间的关系决定了工资水平和各职业、行业和厂商的雇佣人数;劳动力的边际生产率决定了劳动力的需求价格,劳动者的生活费用决定了劳动力的供给价格;工资的均衡水平就是劳动力供给价格曲线和需求价格曲线的交点。供求均衡工资理论可以用于确定教师薪酬中的工资部分。

效率工资理论通常将较高的工资解释为组织为防止员工偷懒而采取的激励办法。其基本观点是:"支付高于市场工资率或者平均工资有助于激发员工的工作热情,从而使组织实现更高的效率。"效率工资理论认为,实行效率工资能够激励员工更加努力地提高工作水平和工作业绩,也能够起到分选作用,吸引更加优秀的员工。这有点儿类似于我国古代"千金买马骨"的做法。效率工资理论可以在一定程度上用于确定教师薪酬中的奖金和福利部分。

补偿性工资理论最初由英国经济学家亚当·斯密提出。亚当·斯密认为,在做出工作决策之前,人们应该对该职位的有利因素和不利因素进行全面思考,然后选出"净收益"最大的职位。基于这种认识,亚当·斯密提出,应该在工资以外,公司应给予从业人员一些净收益性质的补偿。例如,应该基于工作的舒适程度、学习工作技能的难度和费用、责任、成功可能性等给予相应的收入补偿。换言之,如果工作舒适程度低、学习工作技能的难度和费用高、工作责任大、保障程度低、失败风险大等,公司则应当给予从业人员必要的补偿。教师职业明显具有难度大、费用高、工作责任性要求高等特点。补偿性工资理论可以用于确定教师薪酬中的津贴部分。

公平工资理论的代表人物是乔治·霍曼斯。他认为,分配报酬的比例应依循三个方面的情况加以确定,以促成工资的公平发放。

①个人在某个活动领域中以一种获取报酬的方式从一个团体中获得的价值,应与他们在另一个领域中对该团体的贡献的价值成正比。

②某群体成员从其他成员那里获得的报酬价值应与其投资成正比。

③某群体成员获得的报酬应与其下属所没有的领导代价成本成正比。公平工资理论对各种形式的教师薪酬设计都具有一定的指导作用。

3. 教师薪酬设计的原则

教师薪酬设计应当遵循公平原则、竞争原则、经济原则等基本原则。只有上述原则在教师薪酬体系中得以充分体现,才能够真正地激励教师发展,最终促进学校发展。

(1)教师薪酬设计应当遵循公平原则

公平原则是教师薪酬设计需要遵循的首要原则。它要求教师薪酬设计要体现内部和外部两个一致性。所谓教师薪酬的内部一致性是指教师的薪酬在本行业之中相同的付出要得到大致均等的回报。所谓教师薪酬的外部一致性是指教师同外部其他行业在劳动能力要求和劳动付出大致相当的情况下,其薪酬应当大致相当。教师作为经济人的一面驱使其必然在薪酬方面考虑投入和产出的比率来确认劳动的公平感。无论教师薪酬内部不一致,还是外部不一致,都有可能导致教师降低其对薪酬的认同感和公平感。无论何种行业,一旦员工对薪酬的认同感和公平感缺失就极有可能影响他们的工作热情和对本职业的归属感,降低工作积极性。因此,教师薪酬的总体水平设计应当在了解教师行业和本地区其他行业的薪酬水平的基础上,确保教师薪酬总体水平不低于本地区薪酬水平的平均水平。此外,教师薪酬的总体水平设计按照供求均衡工资理论还需要考虑市场供求关系。一旦大量优秀教师流失将会严重影响学校的教育质量,影响学校,甚至整个教育事业的发展。学校内部教师工资的不一致同样会削弱教师对薪酬的公平感,从而影响教师的工作积极性,造成怠工现象,最终影响学校的长远发展。

总之,教师薪酬设计的公平原则要求体现教师薪酬的内外部公平性,使薪酬的分配公平和程序公平得以实现。

(2)教师薪酬设计应当遵循竞争原则

学校要想留住优秀的教师和激励教师发展就必须在设计薪酬时考虑引入竞争机制,而不是考虑平均主义。教师薪酬设计的竞争原则实际上是其公平原则的延伸。公平不仅指横向的基本公平,还指纵向的效率公平。绝对的平均并不等于公平。

竞争原则旨在刺激教师努力提升工作能力和工作绩效。竞争原则的部分内容属于内部公平的延伸。在学校内部,如果教师的薪酬都处于平均水平,几乎不会刺激教师的工作行为,所有教师都将安于现状,按部就班地进行工作。如此一来,学校仅能保持基本运转,对学校发展和教育质量提高而言没有多少正向激励作用。因为假如将教师也看成完全的经济人,教师只有将其投入保持在平均水平才能保证自己的投入和产出基本持平。投入过多则投入和产出的比率偏高,似乎在做"亏本买卖";投入过低则容易受到领导批评和别人指责。

竞争原则还有一部分内容属于外部公平的延伸。效率工资理论认为,支付高于市场平均水平的薪酬有利于激发员工的工作积极性。教育质量在同行业保持领先的学校,可能会将内部的薪酬水平定位在市场的较高水平。这样该学校在寻求优秀教师时,容易因较高的薪酬水平而吸引到优秀教师,从而保持或者进一步加大其对优秀教师的吸引力。

(3)教师薪酬设计应当遵循经济原则

所谓经济原则是指用尽可能少的支出达到目的的原则。学校在提高教师的薪酬水平以吸引优秀教师的同时,必然也会给学校带来更多成本支出。教师薪酬水平的提高也符合边际收益递减规律,即当教师的薪酬标准达到一定的水平之后,增加的薪酬对教师工作绩效、教师发展及学校发展的贡献程度会呈现递减的趋势。因此,教师薪酬水平应当被控制在合理的区间之内,而非越高越好。教师薪酬设计应当考虑到薪酬的投入产出效益,即对教师投入工作和发展的激励作用。教师薪酬水平的最佳状态是教师薪酬的边际收益等于边际成本的状态。这种最优状态在教师薪酬设计的实践中很难达到。在现实中,学校只要确保以较低的成本保持教师薪酬在人才市场的竞争力和教师较高的薪酬满意度即可。

(四)教师薪酬对教师管理和教师发展的作用

1.教师薪酬对教师发展的保障作用

从本质上讲,教师薪酬是教师的劳动力作为生产要素的价格形式,是提供劳动力生产要素的教师与其消费者在市场上达成的供求契约中,消费者因使用教师的劳动力生产要素而对教师的劳动付出进行的一种补偿。

对教师而言,获得的薪酬为他们提供了维持自身基本物质生活需求的基础,也为他们提供学习提高、养育子女、赡养老人等方面的基本物质保障,补偿他们在工作中所消耗的脑力与体力付出,从而使他们能够继续和更积极地投入工作。

根据马斯洛的需求层次理论,人只有在基本的生理需求得到满足的前提下才有可能追求更高层次的需求。教师群体虽然特殊,但作为生活在现实社会中的活生生的人,同样具有养育子女、赡养老人等基本社会义务,同样需要生存法。因此,教师群体虽然在对基本物质需求方面的渴求没有其他群体强烈,但是同样需要在基本物质需求得到满足的前提下才能够具有更多时间和精力追求高层次的需求。此外,在劳动分工程度较高的现代社会,薪酬还是教师追求更高层次需求的基本条件。

2.教师薪酬对教师管理和发展的信号作用

教师薪酬的形式、结构、水平等实际上也属于表示一定含义的信号。

这些信号隐含着教师管理的理念,能够对教师管理和发展起到一定的作用。

(1)教师薪酬对教师管理和发展具有表征作用

教师薪酬总体水平的信号反映了社会对教育行业和教师职业的价值认可度,教师薪酬总体水平越高,就表示社会对教育行业及教师职业的价值认可度越高,教师社会地位也就越高。在教育行业内部,某个教师的薪酬水平也反映了教师个体在行业内部的价值认可度和层次。

(2)教师薪酬对教师管理和发展还具有引导作用

教师薪酬具有的表征作用顺理成章地促成了其引导作用的生成。

从宏观角度讲,教师薪酬所表征的社会地位和社会价值认可度可以引导社会劳动力在教育行业和其他行业之间的流动。如果教师薪酬所表征的社会地位和社会价值认可度高于社会平均水平就能够引导其他行业的优秀人才转到教育行业,从事教师工作。

从微观角度讲,教师薪酬在教育行业内部的高低水平所表征的教师个体在行业内的价值认可度和层次,以及教师薪酬结构所隐含的管理理念共同为教师指明努力和发展的方向。比如,如果一所学校非常重视科研,该校可能会在教师薪酬结构上体现出对科研的高度奖励。如此,教师便会努力提高科研能力。如果一所学校非常重视教育质量的提高,该校则可能会在薪酬结构上体现为对教学质量的奖励比重较大。如此,教师便会努力提高教育教学技能,以提高教育质量。

3. 教师薪酬对教师发展的激励作用

薪酬不仅对教师具有稳定和保障作用,还对教师工作积极性的发挥具有刺激作用。激励作用是教师薪酬的重要作用之一。因为激励本身就是管理的一种重要手段和方式。当教师薪酬设计中引入竞争性要素时,薪酬对教师发展的激励作用就变得更加明显。因为在引入竞争性要素之后,薪酬不仅是一种经济刺激,还表征了教师自我成就和自我发展的实现程度。对教师群体而言,自我成就和自我发展的刺激对工作的激励作用丝毫不弱于经济刺激。因此,需求层次的提出者马斯洛曾明确提倡学校组织应该提供能够满足教师最高层次需求的条件。因为追求自我实现的学生、教师和管理者是最好的实践者。教师对自我成就和自我发展的追求永无止境。这意味着二者可以持久地激励教师不断自我实现。

二、教师人事管理制度与教师发展

教师人事管理是教师管理的重要内容。良好的教师人事管理制度和文化对教师发展起着重要的正向作用，而不合时宜的教师人事管理制度则会阻碍教师发展。

(一)教师的聘任制度

1.教师的任用资格

教育质量的高低在很大程度上取决于教师素质的高低。因此，许多国家都通过法律法规等形式明确规定教师的任职资格以保证教师的质量。例如，我国《中华人民共和国教师法》等以法律形式明确规定了教师的任职资格。在德国，中小学的正规教师必须接受综合大学的培训；学生必须完成大学的第二年基础课程，分数达标并完成师范培训课程后，才有资格申请教师许可证。在英国，大学毕业生要想获得教师资格证，必须再接受1年的教育教学培训。

2.教师的任用方式

不同国家和同一个国家在不同历史阶段对教师的任用方式也因教育发展水平和教育行政体制的差异而有所不同。我国在对教育事业实行集中统一教育行政体制的时期曾采取过由上级教育行政部门和组织人事部门按照计划向学校委派教师的派任制。改革开放以来，派任制教师任用方式逐渐被淘汰，转而被聘任制教师任用方式代替。

3.教师的任用流程

教师任用流程因学校的层级不同而存在一定差别。我国高等学校教师的任用流程与其他学校教师的任用流程有较大差别。相对而言，高等学校因其教师专业性更强而在教师的任用方面具有更大的自主权。

当前我国教师的任用通常都采取公开招聘的形式。高等学校教师的任用通常只需要各院系用人单位向学校申报用人计划,经学校同意后由学校人事处向社会公开发布招聘计划和条件,应聘者报名后由院系进行资格初审组织面试,待面试通过者体检和其他考核后,学校人事处和应聘者签订聘用合同,并报省教育厅等相关教育行政部门备案即可。

(二)教师的培训制度

参加培训既是教师的一项基本权利又是教师的一项基本义务,是教师人事管理的一项重要内容。教师的考核是指学校和其他教育机构根据国家制定的教师职务任职条件和职责,运用定性和定量相结合的方法对教师的工作进行定期或者不定期的考查与评价。这也是教师人事管理的一项重要内容。

教师的培训包括脱产培训和在职培训两种,此处主要是指在职培训。所谓教师的在职培训是指对已经在岗的教师在不脱离岗位工作的条件下有组织、有计划地进行再培养,旨在满足在职教师的自身发展需求,提高教师的专业知识和技能,端正其教学态度。

比较常见的教师培训形式有讲授式培训、自学式培训、参观考察式培训、专题研究式培训、集体讨论式培训等。各种教师培训的形式涉及的内容十分丰富,以实际需要为导向,归纳起来大致包括教师教学、班级管理、师德教育、考试与考试评价、教学技能等方面的内容。

教师的培训需求来自内外两个方面:一是社会发展、教育事业的发展以及教育工作本身对教师提出不断提升工作能力的要求。它通常表现为培训部门对教师提出的培训要求。这种教育培训需求可以被称为外部培训需求。二是教师面对外部环境的变化会有一种提升自我以实现自我和发展自我的渴求,从而形成一种对自身教育教学能力提升的内驱力。这通常表现为教师自身提出接受培训的要求。这种培训需求可以称为内部培训需求。

(三)教师人事管理制度对教师发展的作用

无论教师任用、教师培训等,还是教师考核都对教师发展,乃至整个教育事业发展具有重要的意义和作用。教师人事管理制度对教师发展的正向作用主要表现在保持和提高教师专业化程度、监督和促进教师自我发展、维持教师发展秩序等三个方面。

1.保持和提升教师的专业化程度

教师的专业化程度低的问题一直是教师教育所要解决的重大问题。相比于医生、律师等职业,教师职业的专业化程度明显较低。因此,提升教师的专业化程度是教师发展的重要内容和目标。

教师培训可以在很大程度上提升教师的专业化程度。教师专业化主要是指教师能够掌握其所教学科的专门知识和技能体系、系统的教育教学知识和技能,树立高尚的职业道德观,具有自我学习和自我提升的意识和能力,等等。教师专业化是一个发展的概念,是一个植根于特定社会发展阶段的概念。教师专业化往往随着社会发展、科学技术进步等而不断提高其基本标准。也就是说,当前既定的学科专门知识和技能、教育教学知识和技能、职业道德、自我学习和自我提升的意识和能力等水平被认为达到专业化的要求,但是这个水平在将来便会被认为没有达到专业化的要求。那么,如何才能保持和提升教师的专业化程度? 唯有通过不间断的教师培训和教师的自我学习才能够不断更新教师专业化的各个构成要素,才能保持同社会和科学技术发展同步的知识、技能、能力和职业道德,才能保持和提升教师的专业化程度。

2.监督和促进教师自我发展

教师发展的需求来自内外两个方面,但最终需要通过教师自己的实际行动才能得以实现。教师虽有实现自我发展的内在需求,但并非每个人都能够自觉地付诸行动。因此,完全依靠自觉的教师自我发展是不现实,也是不应该的,还需要外部的制约和监督机制发挥作用,内外齐动,双管齐下。其中,教师薪酬、教师考核的制度及日常管理安排就能够对教师自我发展起到较大的外部刺激、引导和监督作用。

世界各国对教师的考核内容及考核方式各有不同,但基本会将考核结果和教师的聘用、晋级、晋职、评优、薪酬等联系起来。教师如果不能够持续不断地自我学习和自我提高,其考核结果必然不理想,随之而来的晋级、晋职、评优、薪酬等就会受到很大影响。在严重的情况下,教师甚至会被解聘或者开除。在通常情况下,如果教师在工作中由于个人工作能力不足、工作态度差等原因导致出现差错,由学校或者政府其他部门给予其一定的惩罚;对于违反法律者,还将追究其法律责任。因此,教师管理对教师过错、过失的惩罚制度会对教师形成一种潜在的威慑力,促使教师不断地自我发展。

教师管理制度实际上既对教师的自我发展提供了一种激励,又提供了一种可能的惩罚。相关心理学研究表明,激励会通过对教师自我发展行为提供一种强化刺激从而增强教师的自我发展行为;而惩罚则会通过对教师自我发展的懈怠行为产生一定的抑制作用,从而减少教师自我发展的懈怠行为。

总之,学校组织的管理制度能通过激励和惩罚来强化和抑制教师某种行为来达到监督和促进教师自我发展的目的。

3. 维持教师发展秩序

教师发展不仅是教师个体的发展,还包括教师的团队发展和相互发展。教师发展行为也不仅是教师的个人行为,还包括教师的团体行为。只有教师团体发展了,教育质量才能够真正得以提高。而要想实现教师的团体发展和相互发展就必须形成一种良好的教师发展秩序。教师发展秩序的形成可以依靠教师个体的自觉,更重要的是要形成良好规范的教师管理制度。没有秩序的教师发展注定是混乱或失败的。

管理具有一定的权威性和强制性。通过良好规范的教师管理制度,教育行政部门和学校能够形成有重点、分层次和有针对性的教师发展计划,科学合理地分配教师,促进教师的团队发展和相互发展。无论整个国家,还是一所具体的学校,有利于教师发展的资源都是有限且相对稀缺的,不可能也不应该让所有教师按照统一标准以齐步走的形式发展。

第五章 高校教育教学中的
行政管理创新

第一节 高校行政管理概述

一、行政管理的含义

行政管理在狭义上是指国家将其权力运用于社会事务的管理活动中。现代行政管理的宽泛定义是指社会中各种团体和组织对其事务的执行和管理活动。在当代的行政管理实践中,大部分策略都是将系统化的工程方法和思维方式融合在一起,目的是减少人力、物力和财力,甚至时间的浪费,从而提升行政管理的整体质量和效率。

在我国的高等教育机构中,行政管理主要是由从事科学研究和非教育相关的行政管理部门来执行的。与高等教育机构中的教师和研究人员相比,这些人主要担任管理层的角色。换句话说,他们所拥有的权利是由政府在教育领域的行政管理所赋予的。高等教育机构主要聚焦于科学研究和教学活动,而行政管理则主要扮演着辅助和保障的角色,是大学教育管理中不可或缺的组成部分。

在高等教育机构中,行政管理被视为一种独特的管理策略。通常情况下,高等教育机构都会有一个以校长为核心的行政管理系统,而行政管理人员则需要按照系统指示来完成学校的各种管理任务。在对高等教育机构进行监督和检查时,政府主要依赖命令性方法。

为了实现教育目标,高等教育机构必须最大限度地利用现有资源,采用更加灵活的工作策略,并建立健全的管理制度。我们既要确保行政工作达到预期效果,也要确保其管理功能能够无障碍地执行。在高等教育机构中,行政管理的核心参与者主要包括管理层的领导,以及负责具体执行各项命令的行政人员。高等教育机构的人力、教育、物资等资源,应根据教学和科研的需求,以及学校的发展目标,通过行政管理的精细协调和安排,以实现工作效率的最优化,确保高校各方面工作顺畅进行,并推动高校教育朝着长期健康的方向发展。

二、高校行政管理的内容

(一)协调好学术与行政之间的关系

当前,高等教育机构在行政管理方面存在诸多问题,其中最显著的问题便是行政权力与学术权力之间的相互关系。高等教育机构需要对其行政和学术人员进行深入分析,确保行政管理的高级领导、执行人员与教师、教授和学生之间的关系得到妥善处理,以有效进行高校的行政管理,并更好地服务于教学、科研和学生全面发展。

(二)配置好部门的功能

高等教育机构的行政管理部门的构建,与其在执行过程中的主要职能是分不开的。因此,部门与其功能间的紧密联系被视为行政管理的核心要素。高等教育机构的行政管理部门在组织结构上必须谨慎,避免功能的重复分配。它的功能必须既科学又合理,并且这些功能应与其职位相匹配。如果高等教育机构的行政管理部门功能出现不一致和权力的重复,行政管理工作将会陷入混乱,这将对行政管理效率产生严重的负面影响。因此,我们必须认真地解决行政管理部门的职能问题。

(三)协调好职员结构和改革管理之间的关系

高等教育机构的员工构成与其管理改革之间的联系,构成大学行政管理的核心议题。对高等教育机构来说,行政管理的改革往往需要对行政管理团队进行相应的调整。当行政管理团队规模过大时,管理过程中可能会遇到各种问题,有时甚至可能导致行政管理任务的中断。高等教育机构的行政管理团队如果结构更为精简,职责划分更为明确,就更有可能实现预定的目标,并进一步激发行政管理人员的工作激情与创新能力。

三、高校行政管理的职能

高等教育机构的行政管理功能主要是基于政府在教育领域的行政管理职责。高等教育机构的行政管理职能主要可以划分为统治职能、社会服务职能和社会管理职能。接下来,我们将对这三项功能进行深入阐述。

(一)统治职能

高校行政管理的统治职能是指各高校要以国家制定的各项教育方针政策为主,按照当前的方针政策进行教学管理。

(二)社会服务职能

社会服务功能主要体现在行政管理机构利用各种规定和职责来指导高等教育机构中的非行政工作人员进行教育和科学研究活动。在教育和研究活动中,妥善解决各种挑战,确保所有高等教育机构的教职员工都能在自己的职责范围内勤奋工作并对工作充满热情,从而实现各大学设定的目标。

(三)社会管理职能

高等教育机构的社会管理职能主要体现在行政管理人员通过明确的管理体制和执行具体的管理任务,能够为高校教职工提供准确和规范的指导。这样,他们就能按照既定的政策和规范,有条不紊地进行各项工作,从而确保教育管理系统的稳定运行和长期发展。

上面提到的职能在很大程度上取决于我国的社会主义特性,并在我国的高等教育机构中,在教育和研究领域发挥着不可或缺的作用。高等教育机构的行政管理职责为其教育和教学活动提供了必要支撑。随着社会的进步和变革,我们需要不断地优化和创新高校的行政管理策略和手段,这将有助于进一步提升高校的教育质量。

四、高校行政管理的运行机制

为了最大限度地发挥高等教育机构的行政管理功能,我们必须持续地对其运营机制进行创新和改进。这意味着高等教育机构需要建立一个高效的运作机制来确保其工作顺利进行,从而让高校的行政管理团队能够全心全意地履行职责,并更有效地激发行政人员的工作积极性。要想真正有效地利用各大学的行政管理功能,首要任务是深入了解行政管理的核心理念,并根据各学院的具体状况,制定一个与实际相符的操作策略。在理解普遍的行政管理属性的同时,我们还要重视教育本身的固有规律和特点。从宏观角度看,高等教育机构的行政管理流程涵盖竞争、决策和激励三大机制。

(一)决策机制

我们必须实现科学与民主完美融合。在高等教育机构的行政管理中,只有确保科学与民主完美结合,并进行基于科学的民主决策,我们才能在行政管理过程中做出最合适的决策,并确保行政管理的合理性得到最大化的保障。

(二)竞争机制

在高等教育机构的行政管理中,竞争机制被视为一个关键且不可缺少的部分,这种机制的形成主要是在提高教学质量和管理大学教师团队方面得到体现。在教育、科研、后勤等领域都展现出了显著的特点。在高等教育机构中,行政管理人员通过公正的竞争策略来实现优胜劣汰,这正是竞争制度中的一个突出特征。在市场经济中,竞争被视为关键的原则之一。高等教育机构在行政管理中融入竞争策略,这对激发行政管理人员的创新能力和主观能动性起到了关键的推动作用,从而有助于提升高校行政管理的工作效率和成果。

(三)动力机制

首先,我们必须重视高等教育机构行政管理的激励机制,这包括其固有的吸引力以及外部的压力和吸引力。文中提到的内在吸引力主要是指高等教育机构在硬件设备方面的影响力。比如,高等教育机构的办学环境、校园氛围、历史底蕴、学术环境等方面具有显著的影响力。只有当高等教育机构具有足够的吸引力时,它们才能更有效地产生吸引力和凝聚力。从高等教育机构的当前状况来看,行政管理人员和教职工的价值观构成高校前行道路上的推动力。只有拥有一个积极的内部驱动力,我们才能更加集中精力,确保他们在学生的管理、工作和教学支持上都能维持出色表现。外部的压力因素主要涵盖高等教育机构在社会中的声誉、国家对其的关注程度、各大学的教育目标等,这构成动力机制中不可或缺的反馈机制。

五、高校行政管理的作用

高等教育机构能够进行教育和科研活动的首要前提是其行政管理能力,这种行政管理在高校的整体管理结构中扮演着基石的角色,其最显著的功能是提供指导、进行调整和实施约束。因此,我们不仅需要确保和协调高校行政管理的持续发展和改革,还需要给予足够激励。

首先,高等教育机构的行政管理的保障性主要体现在其行政管理的服务功能上。高等教育机构的行政管理是影响整个高校运作的关键环节,几乎所有与高校相关的事务都与行政管理紧密相连。哪怕是一项微不足道的事务,如果管理层面出现失误,都可能引发全局性的问题,妨碍工作流程,并降低整体工作效率。为了确保高等教育机构行政管理的持续发展和改革,高校行政管理必须充分发挥其服务导向的作用,将这种服务导向的功能融入日常工作,并妥善处理各种相互关系。

其次,高等教育机构的核心使命是为国家培育出杰出的人才。为了达到这个目的,对大学生的教育、管理和服务是不可或缺的。为了对大学生进行有效教学、管理和服务,高等教育机构的行政管理部门需要进行协调,但这些部门之间存在明显差别。

再次,当出现各种不协调的情况时,高等教育机构的行政管理部门必须发挥其作用,认真处理各部门之间的关系,充分发挥行政管理的协调服务功能。在高等教育机构中,行政管理人员在执行行政管理任务时,必须坚持以教学和科研服务为核心的管理哲学,确保行政管理深入每一个工作环节,从而提高高校行政管理的总体效率和工作成果。因此,高等教育机构的行政管理改革和发展需要得到适当处理。

第二节　高校行政管理的创新措施

服务型行政管理的核心理念是,在高等教育机构的行政管理活动中,应以满足教师和学生的实际需求为首要任务,并通过提供优质服务来提高行政管理的效率和质量。服务型行政管理的核心思想是把学生和所有的教职工放在首位,始终坚守"以人为中心"的管理哲学,致力于为学生和所有的教职工提供更上乘服务体验。与此同时,我们需要对传统的行政管理观念做出相应调整。通过加强和完善服务型行政管理的理念和相关规章制度,我们可以更有效地为高等教育机构中的学生和全体教职工提供服务。这不仅可以提高学校的整体行政管理水平,还可以促进学校在教学、科研等方面的全面发展,从而不断增强高校的综合实力。

随着高校服务型行政管理的进一步深化,确保高校行政管理的透明度变得更为关键。我们的目标是确保每位学生和教育工作人员都对高等教育机构的行政管理深入了解,并推动行政管理与日常的教育和研究活动紧密结合,从而实现双方共同进步。采用服务型行政管理可以有效地增强高等教育机构行政管理的公平性。鉴于高等教育机构中的学生数量庞大,日常需要处理的工作任务也相应增多,通过运用服务型行政管理,可以确保每项工作都是基于学生和教职工的实际需求来进行的,从而有效地维护服务型行政管理的公平性和公正性。

一、高校行政管理的服务特性有以下几个特征

(一)专业性的服务

鉴于高等教育机构中的各个系和学院拥有各自独特的专业背景,行政管理过程中经常涉及一些与专业相关的管理任务。这些管理任务因其

高度的专业性,为高校的行政管理人员带来相当大的工作挑战。因此,高等教育机构的行政管理人员需要具备充分的专业知识。只有具备专业技能的人员,才能更有效执行高校的行政管理任务,为学生和教职工提供高质量服务。

(二)服务客体具有多样性

以服务为导向的高等教育行政管理体系的核心任务是满足学生与教职工的基础需求,并为他们提供全面的服务。鉴于学校里的学生数量庞大,每位学生都有独特需求,这使得高等教育行政管理系统的服务呈现出丰富的多样性。高等教育机构的行政管理人员需要根据每个服务对象的特定需求,提供差异化的行政管理服务,以确保满足每个服务对象的基础需求,进一步提高高校行政管理的服务水平。

(三)服务具有规范性的特征

高等教育机构的行政管理体系只有具有高度的规范性并提供规范服务时,我们才能有效地提高行政管理的服务水平。因此,在构建高等教育机构的行政管理体系时,应以满足学生和教职工需求为中心思想。通过为学生和教职工提供标准化的服务,并在每个工作环节进行科学的规划和管理,我们可以优化高校行政管理的工作流程,确保学生和教职工都能享受到高质量服务,从而推动高校的教学和科研质量持续提升。

二、高校服务型行政管理的意义

高等教育机构的行政管理在学校的日常运营中扮演着关键角色,在大学的教育管理体系中具有不可忽视的重要性。高等教育机构行政管理能力的持续增强,有助于推动高校在教学和科研方面的能力进一步发展。在构建服务型高校的过程中,高校的行政管理显得尤为关键。

(一)服务型高校行政管理有助于高校行政管理改革

高等教育机构的行政管理不仅是确保其日常运营和持续发展的关键因素,也为高校的教学和科研活动提供坚实支撑。高等教育机构因其独特的实际状况,行政管理结构也存在差异,而管理方式对各高校产生的影响也各不相同。随着服务导向的高等教育理念日益成熟,传统的大学行政管理方式已不再适应高校的持续发展和建设需求。因此,对高等教育机构的行政管理体制进行适当改革,已经变成高校持续发展的不可或缺的需求。服务型高校的行政管理以满足学生和全体教职工的需求为中心,目标是为学生和所有教职员工提供优质服务,以更好地实现服务型高校的建设目标。因此,采用服务型高校的行政管理方式能够有力地推动服务型高校的持续成长,也有助于提升高校在教学和科研方面的水平。

(二)服务型高校行政管理有助于培养高素质的优秀人才

高等教育机构的主要使命是为国家和整个社会培育出更多高质量杰出人才。服务型高等教育机构的核心思想是以学生和教师为中心,致力于培养学生的各项能力和综合素质。因此,服务型高等教育机构的行政管理应当基于学生和教师的实际需求,为大学的教育和研究提供更高质量的服务,从而为大学的人才培养打下坚实的基础。深化和应用服务型高校的行政管理观念,有助于有效地塑造行政管理部门的服务态度和理念。我们需要从理念上加强行政管理部门的服务能力,确保行政管理部门能为学生和教职工提供更优质的服务。这样,高等教育机构培养高质量人才的核心理念就能与行政管理部门紧密结合,进而在全校范围内形成以学生为中心的服务理念,激发教师的工作热情,并推动教学质量的持续进步。另外,采用服务型高校的行政管理模式不仅能为学生创造优质的生活和学习环境,还能激发他们的学习热情,提升学习成效,从而为高等教育机构培养更多高素质杰出人才。

(三)服务型高校行政管理有助于高校科研发展

高等教育机构不仅是人才培养的关键场所,也是科研活动的主要场地。传统高等教育机构的行政管理方式过于强调行政权力的核心地位,但忽视了学术权力在其中的关键角色,这导致高校的行政管理体系不能为其科研活动做出应有贡献,从而限制高校科研水平进一步提升。以服务为导向的高等教育机构,除了专注于对学生的全面培养和对全体教职工的优质服务外,还需要着重于提高学校在科研方面的综合能力。这意味着在行政管理的框架内,我们需要更加重视学术权益的核心地位。服务型高校的行政管理模式可以更有效地协调各部门之间的关系,使各部门能够共同努力,以促进高校的科研水平,从而为高校顺利进行科研项目提供必要的保障。在服务型高校的行政管理模式中,我们不仅要关注高校的日常运营,更要展望未来,对高校的发展方向有清晰了解,并制定相应的策略,这样才能真正提高高校的教育品质和科研能力。

三、高校服务型行政管理模式的构成要素

在高等教育机构中,服务型行政管理方式是一种注重公平性和透明度,也强调各方参与和合作的创新管理模式。这一模式主要由以下几个关键组成部分构成:

一是基于民主的决策流程。在服务型行政管理模式中,民主决策机制被视为一个核心组成部分。一个组织的决策过程的民主性不仅决定了其是否遵循科学有序的原则,也体现了组织成员和所有利益相关方的共同意愿。在以服务为导向的行政管理模式下,通过制度化手段构建一种常态化集体决策结构,广泛反映了高等教育机构的管理层、教育工作者、学生和相关利益方的基础权益,构成一种多元化决策主体的机制。这种机制有助于显著降低决策错误导致的风险,并增强决策过程的科学性和民主性。

二是扁平化组织结构。由于采用扁平化组织结构,高等教育机构的组织构架呈现出较少的管理层次和较宽的管理范围。这种组织架构方式不仅能显著提高行政管理的效率,降低组织运营的总成本,还能在服务提供者与被服务对象之间构建一个流畅的信息交流通道。

三是专业服务团队。专业服务团队构成服务型行政管理模式的关键组成部分。在以服务为导向的行政管理模式下,行政管理部门和其工作人员构成一支高度专业化团队,并根据所提供服务的具体内容,对这些人员进行专业化分类和划分。在服务团队内部,采用企业化管理模式,并通过高效绩效评估体系来对这些团队进行全面考核。在招聘人才的流程中,融入竞争元素,重视全面能力和专业技巧,并通过专门培训手段,确立一套标准化服务流程,组建一支专业服务团队。

四是提供高效服务平台。高效服务平台被视为服务型行政管理模式

的关键组成部分。高效的服务平台涵盖全面的互联网信息系统和高度集成的实体服务平台。综合性的网络信息平台利用先进的信息技术构建高效的交流路径,能够极大地实现服务项目和内容的电子化处理。集中式实体服务平台为服务对象在实体层次上提供全方位的"一站式"服务体验,两者共同构成一个高效服务平台。

五是进一步完善和强化监管体系。在以服务为导向的行政管理模式下,通过进一步优化行政管理部门的内部监管机制,构建高效的绩效评价和激励体系,以发挥其监督功能;通过构建一个以教师、学生和其他相关服务对象为中心的外部监管机制,充分发挥对这些服务对象的监督功能。这两者共同推动服务的主体发展,提高服务品质。

四、高校服务型行政管理模式的构建

(一)构建原则

1.学术本位原则

以学术为中心的原则构成大学服务导向行政管理模式的根本准则。大学的核心职责包括学术研究、追寻真理、知识创造、价值创新和人才培养,而其最根本的目标则是追求真理和教育人才。大学内部管理模式以"行政权力主导型"为特点,这种"学术"的核心内容在客观上使得这种模式无法满足大学发展的实际需求。因此,构建以学术事务发展为中心的高校服务型行政管理模式至关重要。这一模式体系的各项功能,如组织目标的确定、组织结构的构建、管理职责的明确以及行政管理人员的合理配置,都应以推动学术事务的持续进步和发展为核心目标和导向。在高等教育机构的服务型行政管理模式中,行政权力与学术权力的互动关系应当是和谐发展和有序共存的。行政权力应致力于为学术权力提供充分服务和可靠支持,其效果应体现在学校教师能更有效地进行教学和学术研究活动,以及学校学生能有效地进行学习和健康成长。

2.因校制宜原则

根据不同学校的实际情况制定策略,是构建高校服务型行政管理模式的核心原则。"因校制宜"的理念强调,在构建服务导向的行政管理模式时,应保持灵活性和多样性,而不是简单地根据已有或固定的模式来构建一个固定的体系。表面上看起来合理可靠的方案或许能在某一所高等教育机构中实施,但在另一所大学里可能并不适用。在各个高等教育机构中,地理位置、文化背景和基础设施的差异,都有可能导致"不适应当地环境"的情况。再者,我国高等教育机构在办学规模、教育层次、专业属性、教学环境未来发展方向等多个方面存在显著差异。某些学院的学生数量超出 1 万人,但也有些学校的学生数量仅为几千人;其中一些是具有专业特色的大学,而另一些则是综合型大学;某些大学设有研究生学院,而另一些则是专科级别的教育机构;某些学院位于政治、经济和文化的核心地带,而其他一些则位于城市郊区或边远地带。在构建服务型行政管理模式的过程中,由于各种不同的因素,我们不能简单地采用"一刀切"的方法"。我们不能强迫所有的要求都遵循相同的标准和方法,而是应该基于实际的客观情况,在进行深入调查和分析相关的影响因素后,结合服务型管理的核心要素,采取"摸石头过河"的策略"。

3.服务导向原则

构建服务型行政管理模式时,服务型导向原则被视为其关键组成部分。在高等教育机构中,以"服务"为核心理念的行政管理模式构成基础的组织结构。该观点强调,高等教育机构在教学、研究、就业、后勤服务等多个方面,应以教师和学生以及相关利益方的需求为中心,并始终以持续创新服务内容和提高服务质量作为其工作的起点和目标。服务导向原则强调,在整个行政管理流程中,从确立组织目标到形成行政管理的核心理念,再到组织结构的构建和管理职能的明确定位,都应以提供服务为核心内容。为了更好地服务行政管理的对象并实现其既定目标,我们应为其提供一个流畅的通道和平台,进而构建一个完善的服务体系。也就是说,组织的主要目标是为教学、科研、就业等其他领域提供服务。行政管理的核心理念应涵盖强烈的服务精神,组织结构应成为一个以服务为导向的机构,同时行政管理的职责应当确保服务功能的权限得到合理分配。此外,在以服务为导向的行政管理模式中,行政管理人员构成一支具备高度服务意识、责任感和创新精神的团队,他们不仅是这种管理模式的关键支柱,也是最大限度地发挥组织机构服务功能的重要力量。

4.精简高效原则

所谓的精简高效原则,意味着服务型行政管理的组织构架是简洁的,并且其功能部分也是高效的。为了最大限度地发挥服务型行政管理的功能,一个简洁而高效的组织结构是必不可少的。更准确地描述,这是在组织的设计阶段,对管理的层次和范围进行恰当定位。管理的层次及其幅度之间存在一种相反的比例关系。也就是说,管理幅度越大,相应的层级就越少,而幅度越小的层级则越多。以服务为导向的行政管理方式,其组织结构的设计可以有效地加速信息流通。我们致力于提供"一站式"的标准化服务,其组织结构应该是一个管理范围较广的扁平化结构。此外,从行政管理团队的人员结构来看,遵循精简高效的原则,这支管理团队应是一支具有高度职业素养和出色专业能力的专业团队。在他们的日常管理活动中,他们持续地处理与专业相关的问题,为客户提供高效便利的服务,并定期参加相关的业务培训,以增强他们的业务技能。

5.权责对称原则

在构建服务型行政管理模式时,权责对称的原则被视为另一个关键要素。在以服务为导向的行政管理模式下,行政权力与其应当承担的责任是相互对等的。行政权力在与行政职责相匹配的情况下,有效地为管理对象提供多元化服务功能。此外,权责均衡的原则也被视为构建服务导向的管理结构、充分发挥行政管理部门的功能以及确保各部门之间协同工作的核心议题之一。行政权力确保行政责任的履行,而行政责任有助于规范行政权力的行使。因此,在制定行政组织结构时,权责对称原则应确保各级组织机构的行政权力和责任是相互对应的。行政权力的大小决定了需要承担的行政责任,而行政责任的大小则决定了需要授予的行政权力。这两者之间形成一种相辅相成的关系,是不可分割的。高效、有序且规范的组织结构模式也要求各个职能部门的权力边界和职责范围必须是清晰的,这样可以确保各部门各负其责,各尽其责,从而确保各部门在日常工作中能够正确行使行政权力,进而实现提高管理水平的目标。

(二)构建途径

高等教育机构的服务型行政管理模式构成一个系统化和综合性的框

架,它代表着一种思维方式,旨在进一步优化高等教育机构的内部治理结构,并提高行政服务的整体质量。接下来,我们将基于服务型行政管理模式的核心特性和基本元素,提出通用的构建路径。

1. 推动自主办学,构建政府、高校与社会的新型关系

进一步推进教育领域改革,扩大高等教育机构的办学自主权并建立政府、高校与社会之间的新型合作关系,这不仅是深化教育改革的关键,也是构建高校服务型行政管理模式的基石。为了建立政府、高等教育机构与社会之间的新型互动关系,我们需要梳理政府部门与高校之间长期存在的体制联系,也需要优化社会与高校之间的相互促进关系。

首先,需要梳理政府部门与高等教育机构之间的行政联系。多年来,高等教育机构作为国家公共事业单位,一直在扮演着类似小型政府的角色。政府机构历来通过传统的行政方式来管理高等教育机构,对高校内部的各种事务,通常"亲力亲为",持续地介入微观层面的事务。这样的管理策略导致政务混淆,并伴随着众多问题出现。为了优化政府与高等教育机构之间的互动关系,我们需要持续推进事业单位的分类改革,鼓励公立高等教育机构与其管理部门建立更紧密的合作关系,并不断优化高校的内部管理结构。更明确地说,我们需要深度推进管理、办学与评估的分离。强化地方政府部门在教育统筹方面的权力和高等教育机构在办学过程中的自主权,实质上是增强国家在教育监督方面的权威,并由独立的社会组织负责对高等教育机构内部的教育质量进行评估。我们的目标是构建公开透明、权责分明的教育管理制度,并通过各种服务方式进一步推动高等教育机构进步。

其次,需要梳理社会与高等教育机构之间的相互促进关系。高等教育机构的核心任务是为广大社会团体提供服务,为各种行业培养专业人才,持续推动社会进步,同时社会力量也是推动高校持续发展的关键因素。整顿社会与高等教育机构之间的互动关系,意味着在坚守教育的公益原则和非盈利原则的同时,最大限度地利用社会资源来参与大学运营,并激励社会各界积极参与大学的教育事务。更具体地说,目标是建立一个由政府部门牵头、社会各界参与的办学模式,其中办学的主体和方式都

是多元化的,机制也是灵活和充满活力的。这其中,社会各界的参与主要体现在不断地从高等教育机构中吸引社会资本,并激励具有实力和意愿的企业和其他组织加入高校的办学活动。通过采用一系列灵活的管理机制并根据当地实际情况制定的措施,我们可以建立一种依法办学、民主管理、有效监管、社会广泛参与的新型合作关系。

2.深化服务理念,引入服务导向型的理念做管理

构筑创新的管理观念并强化组织的高级规划,不仅是服务型行政管理模式的核心精神,也构成行政管理人员的精神指导,为各级管理者提供明确指导。这是一种深植于精神和文化中的导向力量。在服务型行政管理模式中,服务理念被视为组织文化的核心,其组织提高行政服务水平的核心要素。作为一个宽泛的定义,服务理念涵盖以下几个方面:

第一,我们要坚持人本主义的思想。以人为中心的价值观构成每个组织持续生存和发展的关键要素。组织的成长依赖于其员工的积极参与,而组织的向前发展也意味着员工的不断进步。在以服务为导向的行政管理模式里,以人为本的核心思想强调,组织内的工作人员必须以服务对象(如教职工和学生)的利益为基础。他们不仅需要在相关的制度规定下提供优质服务,而且在特殊情况下应以人为中心,妥善处理各种相关事务。

与传统的行政管理方式相对照,以服务为导向的行政管理组织更加注重人的需求和感受。在不断加强和深化服务意识的过程中,我们要积极推广以人为中心的服务理念。

第二,推崇以学术为核心的观念。高等教育机构最根本的任务是通过培育专业人才来为社会提供服务。从不同的视角看,人才的培育实际上是对学术知识的不断累积。在高等教育机构的服务型组织结构中,要营造一个推崇学术、致力于学术服务和推动学术进步的良好环境,以便为大学教师进行相关科研活动提供宝贵资源,并构建一个公平、公正、透明的平台。这为学生提供优质的学习氛围和学术领域,为高等教育机构的学术进步打下坚定基础。此外,推崇学术的观念体现在学术权力与行政权力之间存在一种协调关系,行政权力应作为学术权力的稳固支撑。

第三，坚守创新发展的观念。在以服务为导向的行政管理模式里，服务观念并不是固定不变的导向思想，而是一个随着时代变迁而不断更新的价值观念，是一个持续创新和发展的过程。这样的创新进展主要表现在行政管理方法的革新，行政管理机构在不断变化的环境中进行调整，以及专业服务团队服务方式的变革等方面。具体来说，由于政治、经济和文化方面环境的持续变迁，高等教育机构在社会服务方面的职责和内容也在不断地更新和调整，现有行政服务功能和生态模式已经不能满足发展的需要。因此，要持续优化行政管理的组织架构，改革传统的行政管理模式，重塑员工队伍的服务方式，构建能够满足发展需要的新模式，以形成新的动态平衡。

3.完善相关制度，建立起民主的决策和监督机制

一个组织的健康和可持续发展在很大程度上依赖于制度作为其关键支撑。在服务型行政管理的框架下，服务型行政组织是在一个健全的制度结构中建立起来的。在高等教育机构的服务型行政管理模式中，民主的决策流程、高效的执行策略、即时的反馈手段和健全的监管体系都是不可或缺的关键组成部分。这也为从传统的"政府主导"管理模式向新型的"服务导向"管理模式的转变提供强有力的制度支撑。它们之间存在紧密联系，共同形成相对完善的制度框架。

第一，需要对民主决策机制进行优化。民主决策机制应当涵盖决策制度、决策方法、决策原则、决策主体、决策流程和决策机构等。深化民主决策机制意味着持续优化决策机制的各个组成部分，以构建一个完善的体系。在处理高等教育机构内部的关键问题时，有必要建立包括专家咨询、集体决策、决策评估和决策失误责任追究在内的多个制度。通过构建民主制度框架，确保决策者所做的每一项决策都较为民主科学。在执行集体决策的过程中，决策者应深入思考并为广大教职工、学生代表及利益相关方预留一定的决策空间。

第二，需要构建高效的执行流程。决策构成执行的根基，而执行过程则是实现这些决策的核心环节。构建高效的执行机制不仅是确保政策得以有效实施的强有力手段，也是实现决策目标和任务的关键保障。构建

高效的执行体系,关键在于如何增强执行的严格性,确保每一个决策环节都得到恰当的执行,从而形成一个高效灵活的操作流程。在确保高等教育机构具有公益性的前提下,要在适当的时机引入企业化运营模式,以便提高执行效率并优化执行成果。

第三,需要构建及时响应的反馈系统。在服务型行政管理模式制度体系中,构建及时响应的反馈机制尤为关键。及时反馈机制不仅是加强行政管理主体与教师、学生、其他利益相关方等服务对象之间联系的关键途径,也是高校教师、学生以及关心高校发展或与高校有合作关系的第三方等服务对象参与高校发展建设的重要方式。为了在服务提供者之间建立有效的沟通桥梁,我们需要建立及时的反馈机制,这包括创建实体反馈机构、制定反馈流程和选择反馈方法,从而形成对服务提供者的评估体系。在收到服务对象的评估数据之后,及时对服务对象关心的问题和信息进行回应,确保相关问题得到妥善处理,进而构建高效的反馈机制。

第四,建立健全监管体系。为了实现对权力的有效制衡,要将每一项管理活动中的决策权、执行权和监督权进行分离,并将其分配给不同的个体,从而达到相互制衡的目的。在以服务为导向的行政管理模式里,健全的监管体系构成对权力进行有力限制的制度性保障。构建健全的监督体系意味着将监督权授权给行政管理的对象,进一步优化教职工代表大会等相关制度,以实现对行政管理主体决策权和执行权的有效约束,从而更好地保护教职工、学生及关联方的核心利益。

4.重置组织架构,设立扁平化的组织结构模式

组织结构不仅是管理活动的核心载体,也是达成管理目的的关键硬件设备。在以服务为核心的行政管理模式里,服务型的行政组织也成为服务行政管理对象的主导载体。组织结构的设计方式不仅决定了整体管理模式的效能,还影响其管理的效率,并与行政管理的品质紧密相连。因此,构建有助于达成组织管理目标的组织架构变得至关重要。实际上,决定组织结构的核心因素在于如何合理地分配组织的管理层次和管理范围。通常情况下,管理的层次与其幅度之间存在逆向联系。层级数量越多,幅度就越小;而层级数量越少,幅度就越大。我们通常可以将组织结

构分类为多层级的小幅度高型结构和少层级的大幅度扁平化结构。

受传统政府部门管理方式的制约,高等教育机构的行政管理组织结构呈现出多层次、窄幅度的"金字塔"形态。尽管在某种程度上,这种组织结构模式实施严格的管理措施,从而使得各组织的职责划分变得更为明晰。然而,随着时代进步和社会背景的转变,这一组织结构也逐渐显露出行政管理效能不高和组织结构臃肿的问题。为了满足管理发展的需求,要对现有的组织架构进行相应的调整。扁平化组织架构实际上是一种管理层次较低、管理范围较广的组织方式。扁平化组织架构不仅可以实现组织内部相似或一致的工作任务的整合,还可以缩短不同层级之间的距离,缩短上下级关系的紧密度,并加速信息在不同层级之间的流通,从而有助于降低组织的运营成本。此外,扁平化组织架构在管理范围上更为广泛,它不仅紧密地连接上下级的关系,还赋予下属管理人员更大决策权,激发他们的工作热情,从而有助于提高管理效率和实现管理目标。这一组织架构在某种程度上与服务型行政管理模式的组织结构要求相吻合。也就是说,扁平化组织结构是服务型行政管理模式的关键组成部分。

在当前的组织结构基础上,对高等教育机构的服务型行政管理模式进行持续的优化和调整是至关重要的。对当前的组织结构进一步完善,提高管理的层次和范围,使得原本金字塔型的高层结构逐渐扩展为更为扁平的组织形态。

5. 创新服务渠道,建立高效的综合信息服务平台

高等教育机构的服务型行政管理模式基于高效、多层面和高度参与的管理模式构建,创建高效便利的服务通道和平台就成为实现这种管理模式的关键路径。随着互联网技术的持续进步和广泛应用,网络信息技术已逐渐成为跨越地理和空间障碍,多个用户在同一平台共享资源的关键驱动力。在以服务为导向的行政管理模式中,创新的服务渠道依赖网络信息技术,不断整合现有平台的资源,从而构建多样化、高效能和高参与度的服务平台,以实现虚拟与实体服务渠道有机统一。

这主要涵盖两个关键领域。

第一,构建全面的互联网信息服务平台。综合性互联网信息服务平

台是多用户共同参与的开放信息服务中心,管理主体和客体之间可以实时交流,管理客体可以将需求反馈给管理主体,而行政管理主体可以在服务平台上帮助他们解决相关问题。更具体地说,在高等教育机构内部构建一个互联网信息服务平台意味着在现有的校园网络基础上运用先进的网络信息技术来加强网络基础设施建设。通过在校园网络内部集成实时和动态的信息交流模块,行政管理部门能与教师、学生以及其他相关服务对象在较短的时间内实现有效的信息交流。借助其他功能模块的支持,行政管理人员有能力在互联网上进行工作,协助行政管理对象解决各种相关问题,并为他们提供参与管理、提供建议和反馈需求的关键途径。这有助于减少行政管理的开销,以及行政管理对象的某些潜在成本。

第二,构建高度集约化的实体服务平台。为了创新服务路径,除了需要构建一个全面的信息服务平台,高等教育机构内部还应在传统服务平台的基础上进行进一步优化,以构建更为高效集约的实体服务平台。集约式实体服务平台对原有的行政管理部门的业务进行重组,将相似或类似的业务内容合并处理,将这部分业务设立在一个部门内,并将这些部门的办事机构设立在较中心的办公大楼内,形成"一站式"行政服务中心。这种高度集成的服务平台为各种不同的服务受众提供丰富迅捷且和人性化的服务体验,从而显著减少了行政开支。

6. 变革管理队伍,建设高素质专业化的服务团队

一个组织要想持续发展和进步,关键在于拥有一支高素质且专业的员工团队,这也是组织内部至关重要的软实力。在高等教育机构的服务型行政管理体系中,构建一个人员配置均衡、专业技能出众且综合素质卓越的行政服务团队,是实现服务型行政管理功能的关键因素。在构建服务型行政管理模式的过程中,要对现有的行政管理团队进行持续优化,确立人员的入职和离职机制,强化员工技能培训,并对人员配置进行优化。

第一,我们需要建立一个人员的入职和离职流程。人员的加入和退出制度是一个持续推动行政管理团队向着稳定、持久和健康方向发展的机制。建立人才引进和退出的机制意味着,在招聘人才时,要根据实际岗位的需求,通过公开的社会招聘,设置多种形式的考核机制,以公开、透

明、民主的方式选拔出专业能力出众、综合素质较高的管理型人才。在处理人才流失的问题上,行政管理部门有责任周期性地对各个职位的员工进行专业技能和综合素质的评估,并对不能满足岗位需求或工作态度不够严谨的员工及时进行解雇。

第二,对行政人员的配置进行优化。在服务型行政管理的团队里,具有专业技能的行政管理人员构成推动服务型行政管理组织向前发展的核心力量。对人员队伍进行合理的配置是确保人才资源得到合理使用的关键。在人员配置中,关键在于如何将合适的人才安排到最适合的职位上,以实现资源的最大化利用和人才的最大化发挥。因此,为了优化行政人员的配置,我们需要在充分评估引进人才的专业能力和综合素质的基础上,根据岗位需求、个人性格、个人意愿等因素,对具有丰富实践经验和多学科背景的人员进行多岗位交叉培养,从而建立一支人员结构合理、专业能力突出的行政管理队伍。

第三,我们需要加大对员工技能的培训力度。随着社会进步加快,各种先进技术也在不断地完善和发展,行政管理团队要持续"充电",需要刷新行政管理的观念和方法,以持续推动组织的进步,满足不断更新的管理要求。行政管理组织有责任定期并有策略地为其各个职位的员工提供专业培训,旨在不断扩大管理层的视野,加强行政服务意识,提高服务技能。与此相关的培训课程涵盖高等教育机构的相关法律、职业伦理、前沿的管理思想以及实际的工作技巧和方法。

7.优化考核机制,形成"4E"合一的绩效考核体系

在高等教育机构中,绩效考核制度不仅是制度建设的关键环节,也是确保高校组织结构健康发展的基石。作为激励员工的关键途径,绩效考核是强化高等教育机构行政管理团队建设的根本。准确地讲,绩效考核的主要目的是达成管理目标,识别管理中的问题,推动组织进步,实现激励作用,并合理分配员工的薪酬。

现阶段,高等教育机构普遍已经建立相应的绩效考核机制,这在一定程度上推动了行政管理团队的成长,并为高校的健康和持续发展做出了显著贡献。然而,一些高等教育机构目前的绩效评估体系也面临着若干

问题。例如,传统的绩效评估方法相对单调过时,在评估过程中缺少具体的量化内容,这使得评估很容易仅仅停留在形式上,未能充分利用绩效评估的激励和指导功能。在高等教育机构的服务型行政管理模式中,绩效考核机制被视为一个关键工具,它可以帮助行政管理部门更好地履行其服务职责。为此,我们需要从效率($Efficiency$)、效果($Effectiveness$)、节约($Economic$)和公平($Equity$)这四个维度来构建一个综合考核标准,也就是所谓的"4E"考核体系。

在构建指标体系时,效率指标强调考核效率的重要性,需要确立一个客观高效且多样化的评估方式。在进行考核时,我们高度重视提高效率,并有效利用各种考核工具来完成各项考核任务,以实现考核目标。

绩效考核的成果应当是客观的,具备一定的参考意义。采用定性与定量的方法来达到一个相对精确的评估结果。

节约指标是指在进行绩效考核时,当人力、物力和财力的投入保持不变时,能够实现最大的效益;在获得某些考核成果的过程中,我们应当努力降低对人力、物力和财力的依赖。

在绩效考核过程中,公平指标的具体内容需要根据考核对象和具体内容来制定合适的考核方式和流程。为了达到对管理团队的有效激励,我们需要确保考核结果能够公正公平地展现出管理层的真实工作状况和多方面能力。

将"4E"整合为一体的绩效考核体系,构成全面多样且客观的评价机制,有助于进一步优化高等教育机构的服务型行政管理模式,促进高校行政管理团队持续发展。

第六章 高校教育心理学概述

第一节 高校教育心理学的研究对象与性质

教育心理学是师资教育与培训必修的一门教育专业课程。它是一门具有理论性与应用性的学科，是心理科学的一个独立分支。

一、教育心理学的研究对象

关于教育心理学的研究主题，在国内外的教育心理学文献中，各种观点和解释都存在很大的差异。总的来说，存在两种主要观点：第一种观点认为，教育心理学有其特有的研究领域，包括其研究的主题、领域、结构、方法等方面；第二种观点认为，教育心理学并没有什么特别之处，也就是它没有自己独有的研究领域，它只是心理学与教育学融合的产物。我们持有这样的观点：每一个学科都会选择某一客观存在的领域内的事物作为其研究重点，并在这一特定的研究领域中探索该事物内在的客观规律，进而利用这些规律为社会实践提供服务。无可争辩，教育心理学应当具备其独特的学科属性，包括其特有的研究内容、研究范畴种整体结构。明确教育心理学的研究对象是这一学科的核心议题，它在该学科的众多问题中起到关键作用。首先，这决定了教育心理学是否存在的必要性和其所带来的价值。其次，这不仅涉及该学科研究的主题、边界和结构体系，与周边其他学科也紧密相连。

教育心理学专注于研究学校教育活动中教师与学生之间如何进行交感式互动，以及这种互动背后的心理机制和规律。

我们应该如何解读这一定义呢？

第一点,教育活动涵盖教师和学生双方的互动。在教学过程中,双方都是相互依赖的。教师的教学目的是满足学生的学习需求,而学习则是教学活动的起点和终点;学生是学习过程的核心,而教师的引领角色,关键在于能够最大限度地激发学生的主体性。如果没有学生的主体性,教师的主导地位就无从谈起。

第二点,在教育过程中,教师和学生为了达到共同的教育目标,会在彼此的接触面上产生相互的影响和制约,形成一种复杂的相互作用。互动不仅是人与人之间关系的基础,也构成学生社会化过程中的基础要素。互动涵盖认知互动、情感互动、行为互动等多个方面。由师生间的互动所导致的心理和行为上的转变,构成教育心理学研究的核心议题。

第三点,教育心理学的研究在学校教育活动中涉及教师与学生之间的交叉互动和心理活动及其固有规律。这不仅与普通心理学、儿童心理学、学科心理学、教育学等领域的研究对象存在明显差异,而且可以避免过分侧重于以教学或学习的心理活动和规律作为研究对象可能导致的多种不良后果。

二、教育心理学的内容与范围

教育心理学作为教师培训和教育管理领域的核心课程,主要探讨的是教育过程中涉及的心理学议题。在我国,各种类型的学校在教育目标和任务上既有相似之处,也存在其独特之处。因为教师培训体系的不同层次,这个学科的内容复杂度也会有所不同。本书主要涵盖以下几个方面的内容:

①中小学学生心理发展特征与教育问题。

②学生心理的个别差异与因材施教。

③学习活动与教学活动的心理规律问题。

④学生品德心理形成与发展的问题。

⑤体育心理与学生心理卫生问题。

⑥学校中的群体心理问题。

⑦教师心理学问题。

⑧学习结果的测量与评定。

三、教育心理学的任务

教育心理学的核心使命是深入探讨教育实践中出现的各种心理现象和其内在规律,以便为我国社会主义教育事业提供有力的支持和服务。

教育心理学首先需要对教育实践中出现的各种心理现象和规律进行深入分析,明确学生的心理特性以及各种教育手段对学生心理成长的不同影响和作用。这有助于揭示学生心理发展与教育之间的相互依赖关系,从而确保学校教育工作能够基于心理科学的理论基础,有效地提升教育质量,为我国现代化建设事业培养各种新型人才。

现代教育心理学的发展方向是构建一个系统化的理论体系,推动整个心理科学领域进步。在研究和解决教育实践中遇到的心理学问题时,教育心理学还应该持续地总结相关的心理学理论,以便为心理科学的进一步发展和完善提供丰富的数据和确凿的证据支持。

教育心理学让教育从业者能够独立高效地进行工作,为他们提供学习和进修的机会,以及加强个人修养所需的支持。

简而言之,教育心理学是从教育对心理学的需求出发,旨在解决教育实践中遇到的心理学难题,从而更好地满足教育实践的实际需求。

四、学习教育心理学的意义

深入学习教育心理学可以帮助广大的高校教师基于教育心理学的目标、内容和方法,发掘出高效的教育和教学原则或策略,进而协助他们处理普通和特定的教育和教学难题,以更好地实现教育的既定目标。

(一)有助于提高教育、教学工作效率和质量

身为教育工作者,对教育心理学的深入了解是至关重要的,这样才能更加高效地为学生提供教育和指导,确保他们在身心上都得到全面的成长,并将他们塑造为新一代人才。教育心理学专注于研究学生的道德特

质和形成良好性格的心理机制,也关注学生的年龄特点。针对个体差异和教育难题,一旦掌握了相关知识,教师便能更有自觉性和成效地进行学生教育。教育心理学专注于研究学生如何学习、掌握知识和技能,以及智力发展的心理机制。这对教师在组织教学活动、选择高效的教学手段、激发学生学习积极性、培育学生学习兴趣、提升他们的学习能力等方面,都具有非常重要的指导意义。当代的科技进步速度日益加快。随着教学内容的持续更新和丰富,学生所需掌握的知识也在不断增加,但由于个体的学习时间和精力都是有限的,传统的教学方式已经不能满足现代教育的需求。教育心理学的知识能够协助教师更新他们的教育理念,革新他们的教学方式,采纳更为现代化的教学策略和工具,从而显著提升教学的品质。

(二)为教育工作者提供一些新的观点,发展正确的判断力,明确工作的指导思想

我们必须对教育进行改革,更新我们的教育观念,这也是对当前教育状况的明确要求。在教育和教学领域,教育心理学经常能够为我们提供新颖的视角,帮助我们分析和解决存在的问题,从而推动教育改革向更深层次发展,并确保取得真实的成果。

经验丰富的教师在其教育实践中所积累的信息通常都是相当丰富的,最关键的问题是教师是否能依据事实做出准确判断。判断力并不是建立在基础的常识或个人的主观判断之上的,真正关键的是要先对自己有深入了解,熟悉学生,掌握学习的全过程,以及个体在身体、智力、情感、社会进步等方面的实际情况。这些构成教育心理学的核心研究领域。掌握这一领域的专业知识,有助于教师培养出准确的判断能力。进一步地说,通过深入研究教育心理学,教育工作者不仅能够掌握心理学的一些核心观点,还能将教育和教学中遇到的实际问题提升到理论层面进行全面认识和总结,从而使他们的工作指导思想更为清晰,并合理地解决各种问题。

(三)有助于提高自我教育能力

作为教育者,首先需要接受教育。自我教育这一概念涵盖自我认知、

自我评估、自我管理、自我调整、自我监控、自我审查、自我实现等相互关联的环节。每个环节都与个体的心理驱动和精神特质息息相关。通过深入研究教育心理学,我们可以更好地理解人的认知、情感和意志的发展规律,个性的形成和发展规律,以及教师的心理品质及其形成规律。

第二节 高校教育心理学发展概况

教育心理学的历史进程实际上是心理学与教育学融合的过程,并逐渐发展为一个独立的学科分支。深入了解教育心理学的历史进程,可以帮助我们深入地了解心理学与教育之间的紧密联系,从而有效掌握教育心理学的相关知识,并进行深入的教育心理学研究。

一、教育心理学的发展

(一)心理与教育的早期结合

在我国古代,诸如孔子、孟子和荀子这样的教育家和思想家,在探讨教育议题时,都融入一些教育心理学观点。尤其是孔子,他在漫长的教育和教学经历中,塑造了关于教育和教学中的理解、情感、决心、个性等多个方面的深入心理学观点。关于学生在学习过程中的认知心理成长,孔子持有这样的观点:要想真正掌握知识,首先需要从感知开始,并采纳"多听多见"的方法"。他表达了这样的观点:广泛地听取他人的意见,从中挑选出最有价值的,然后通过多次观察,我们可以更好地理解他们。孔子高度重视记忆在知识掌握过程中的重要性,并提出了"温故而知新"这一科学观点。他多次提到:在追求知识的过程中,我们应该默然明了;在学习的过程中,我们应该不断地学习。孔子特别强调思维对学生的正面影响,并着重讨论如何增强记忆,同时突出勤于观察、多角度思考和学习的一致性。他认为:君子应具备九种思考方式:观察、倾听、情感、外貌、恭敬、忠诚、尊重、疑惑、提问、愤怒、雄心勃勃。孔子曾:"学而不思则罔,思而不学则殆。"这句话的含义是,如果只专注于阅读而忽视思考,可能会陷入迷惘;如果只是沉浸在过度的思考中而不去学习,可能会导致人们一无所得。近代教育思想家,例如捷克的夸美纽斯、瑞士的裴斯泰洛齐和德国的赫尔巴特,都高度重视心理学在教育实践中的应用。他们都认为心理学是教育理论的核心。例如,夸美纽斯则强调:"教育是塑造人的关键。"他坚定地相信每一个儿童都有潜力成长为成年人,几乎没有一块是完全无法书写的粗糙木板。裴斯泰洛齐坚决主张,在教育过程中应考虑到儿童的年龄特性,并根据他们的能力进行教学。赫尔巴特强调,教育方法应当以心理学作为其核心基础。赫尔巴特的学生将其划分为五个不同的阶段。19世纪末,心理学在研究和解决教育问题上得到了广泛应用。将心理学与教育紧密结合,为教育心理学这一新兴学科的诞生打下了坚实基础。

(二)教育心理学的诞生和发展

20世纪初,自然科学的研究方法开始广泛应用于心理学领域。心理学开始采纳自然科学的客观研究手段,这为其研究带来了巨大突破,并为利用科学心理学的理念和策略来解决教育领域的问题创造了条件。

美国知名心理学家桑代克认为教育心理学的开创者,他于1903年出版著作《教育心理学》。桑代克的教育心理学理论,在本质上与那些仅仅采用自我反思或批判性思考来探讨教育问题的早期教育心理学方法存在明显差异。这为美国教育心理学的进步打下了坚实基础。

在桑代克之后,斯金纳提出了利用程序教学和教学机器来革新传统教学方法的建议。20世纪70年代以来,美国的认知心理学派逐步取得了主导地位,这一学派特别强调学习的内在构造,并高度重视学习过程中的内部因素。

二、教育心理学的发展趋势

(一)注重为学校教育服务

20世纪70年代以来的教育心理学教材,高度重视教育心理学在学校教育中的作用。这体现在对人的社会本质的反映内容有所增加,例如更加重视环境、社会阶层、文化背景、师生关系、集体作用,以及语言对人的学习产生的影响。

(二)内容注重有效地教和学

各种版本的教育心理学教材都重点解释学习的规律,展示如何帮助学生有效学习,这就是教育的核心问题。教育心理学,作为一个有着独特理论结构的领域,正在逐渐建立并得到完善。

(三)建立系统的教学理论

观察现代教育心理学的发展趋势,构建一个系统化的教学理论已经变成其核心目标。

在心理学领域,学习的理论大多是在受控的环境中构建的。创建的初衷和流程,并没有考虑其在未来教学中的应用可能性。如果用一种已经存在的理论来广泛解释各种不同情境和变化的现象,该理论的原始有效性自然会受到一定程度的削弱。

尽管学习理论可能是有效的,但它最多只能解释和预测学生的学习方式,而不能解释教师是如何影响学习的。我们要构建一个教学的理论体系。

学习理论主要描述学习过程中个体行为是如何发生变化的,但理想的教学理论可以解释教师是如何对学生的学习产生影响的。要实现教育的最终目标,教学活动是关键,而教学理论是不可或缺的。

第三节　高校教育心理学的研究方法

每个学科都有特定的研究目标,也具备对应的研究手段。辩证唯物主义不仅是科学心理学的核心理论,也构成教育心理学的理论根基。在研究教育心理学时,我们必须遵循客观性的原则,尊重所有客观事实,并通过实际的教育和教学经验来验证研究的成果和理论的准确性。我们要坚持将理论与实践相结合的原则,从心理学的角度来分析和研究教育和教学中的实际问题,确保研究工作与教育实践紧密结合。

一、教育心理学研究的策略

教育心理学追求的核心理念,其实是对教育中的问题进行深入科学探讨。从心理学的角度看,这是一个"寻求问题解决"的理念,包含科学研究方法的核心元素。例如,教育者应将学生的整体行为看作对教师专业技能的考验。

在着手进行教育心理学的研究之前,有两个标准是必须优先考虑的。首先,这是一个具有深远意义的关键议题。其次,它也是一个值得深入探讨的主题。从宏观角度看,教育心理学的研究内容和方法主要分为三大类:第一类是基础科学研究,其目标是揭示理论;第二类是外推基础科学研究,与纯粹的基础科学研究有所区别,其核心目标是解决实践和应用中的问题;第三类是关注的是应用层面的研究。研究人员在选择研究课题、制定研究计划和进行研究工作时,必须基于教育、教学实践和教育改革的实际需求,同时也要考虑到他们自身的主观条件和客观可能性。

教育心理学研究具有双重性质:一方面是基于调查的研究,另一方面是基于实验的研究,有时我们可以将这两种性质的研究融合在一起。

要进行详细研究,通常需要经历几个主要步骤:①提出研究中的问题;②制定研究方案;③进行资料的搜集;④对研究成果进行了梳理;⑤对研究成果进行分析,并据此进行推断;⑥在实际操作中验证研究成果;⑦提出未来深入研究的计划。

(一)怎样选择与确定研究课题

①所研究的主题必须具有明确的意义。所指的有意义,意味着在理论层面上必须有坚实的基础,或者尽管在理论观点上仍有不同的看法。然而,在实际操作中,这是一个具有关键指导作用的课题。

②在选择问题时,应确保其具体和明确,通常不应选择过大的选项。由于课题过于庞大,导致实验研究的周期延长,这使得控制变得困难,也难以取得明显的成果。然而,课题的大小并不总是越小越好。这个课题太过微小和琐碎,其在实践和理论上的价值都不是很高。

③研究的主题必须是实际可行的。在选择和确定课题时,必须考虑到研究者的主观和客观因素。只要满足特定的条件,或者通过实际能力创造出相应的环境,研究活动就可以顺利地进行,并有望达到预期的成果。如果不这样做,尽管这个课题具有一定的价值,但如果不能成功执

行,选择这类课题就不适宜。

(二)怎样制定研究计划

制定研究方案是进行研究活动中至关重要的一环,它直接决定整个研究过程是否能够顺利进行。只有当计划被制定得既细致又合适时,我们才能确保研究的流畅推进和研究成果的信赖度。

在制定研究计划时,应注意以下几个问题:

1.制定研究计划的控制条件

在制定研究方案时,最关键的因素是控制的条件。这里提到的条件,既是指研究的人,也是指被研究的人;这既涉及教科书,也涉及教学方法;这不仅涉及教学环境,还包括教学时间、作业分配、检查标准等方面。决定控制的具体条件,主要是基于研究的主题来设定的。比如说,在研究教学方法时,应当运用各种具有独特性质和完全不同的方法进行比较性研究,并以教师的专业水平、学生的基础知识、可用的学习材料、学习时间、作业等因素作为参考依据。

2.确定研究对象和人数

在拟定研究方案的过程中,我们需要明确研究的目标是选择何种类型的学生以及选定的学生数量。在选择研究的目标时,我们需要确保其具有代表性,这样才能确保得出的结论具有普适性。在确定研究对象的数量时,应依据研究主题和研究人员的具体情况来作出决策。通常情况下,如果人数稍微多一些,就更具有代表性。然而,当涉及过多人员和巨大的工作量时,可能会因为缺乏足够的人力和物力而导致工作不细致,这样的工作并没有太大的科学意义。如果研究的主题是调查和研究,参与的人数可以适当增加;如果研究的主题是实验性的,参与的人数应该适当减少;若是进行个案分析,只需几个人或者十几个人就足够了。

在确定需要研究的对象数量后,我们必须思考如何以特定的方法将这些对象提取出来,这一过程被称为抽样。抽样主要有以下几种不同的方法:

①有意识的样本选择。按照研究人员的建议,有计划地选择一些被视为具有代表性的研究对象。

②随机抽样方法并不是基于实验者的个人偏好来随机选择样本,而是确保在基一范围内的每个人都能以一个客观的方式被选中。

③分层抽样也被称作联合抽样方法。它结合有意识的抽样和随机的抽样方法。首先,有计划地将研究对象大致划分为不同的水平或等级,接着从这些不同的水平或等级中随机选择几个个体作为研究目标。

3.确定研究步骤和收集资料

在制定研究方案时,应明确研究的具体步骤、资料的收集方法以及所需收集的资料类型。在制定计划时,我们必须明确每一个研究步骤的具体要求,并明确规定收集材料的具体要求和方法。为了确保在研究过程中能够完整地填写每一份材料而不遗漏,我们可以将其制作成表格,这也有助于更好地进行数据统计和总结。

(三)怎样搜集材料

教育心理学的探索与学校的教育和教学活动紧密相连,同时也与学习和个人成长息息相关。评估教学或学习的准则应该超越传统的教育观念,不仅仅是看学生掌握的知识和技能的数量,还需要关注学生的智力和能力发展水平,学习的积极性和主动性的表现,以及学习兴趣和行为习惯的培养等方面。所收集的数据是用于计数还是计量的,都应基于研究参与者的数量和具体需求来决定。用于计数的数据单位是一个数字。例如,在评估一种创新教学方法的成效时,通常需要根据学生的作业或考试试卷,将其划分为优、良、中、差等四个等级,或者进一步细化这些等级。这是基于实际效果的特性来进行划分的。最终,我们能够统计新教学方法在不同等级的学生数量,以及继续使用传统教学方法在各个等级的学生数量,从而对比新教学方法的实际效果。在统计数据和进行调查研究时,参与的人数可能会很多,少则几十人,甚至几百人。

定量数据的研究成果并不是按数量来计算,而是用数量来呈现。学校通常使用分数作为评价标准。举例来说,对采纳创新教学策略的班级,我们需要列出学生的得分,并计算其平均值和商差。同理,对仍然采用传统教学方式的班级,我们会列出学生的得分,计算其平均值和商差,并在最后对这两者进行对比。

无论从定性数据,还是定量数据来看,最核心的议题便是标准问题。我们应该采用何种标准来描述研究成果,或者根据何种具体标准来搜集信息,并确保有明确的研究指标。所研究的各项指标具有极高的重要性,缺乏一个客观的评价标准,就无法得出科学合理的结论。

(四)设立对照组

为了提升教育心理学研究的准确度和可信度,建立对照组是不可或缺的。所指的对照组,实际上是一个用于进行比较的组别。对照组构成进行比较的基准。在建立对照组时,最关键的是确保对照组在其他方面(例如教材、教学方法、教师、学生等)与实验组的条件尽可能接近。这两者的区别在于,对照组并没有额外的实验因素,而实验组则包含实验措施和实验因素。为了满足研究需求,我们可以设立一个对照组,并选择以下两种独特的方法:

①这是一个等组的比较。举例来说,当教师在两个班级中使用新旧两种不同的教学策略进行比较时,所形成的对照组被称为等组对照。

②在同一组别中进行比较。也就是说,同一组成员先后经历两种不同的实验操作,并对实验前后的学习表现进行比较。这样的对比也被称作"自我对比"。实验组和对照组之间的结果差异对解释研究成果至关重要,通常需要进行统计分析。

(五)研究结果的分析处理

教育心理学的研究目标是深入探讨教育和教学过程中的心理行为及其固有规律,从而为我们的教育实践提供指导。我们必须始终保持一种实事求是的科研态度。从客观的角度出发,进行分析、整合并得出结论。关于这项研究的成果,我们必须确保不掺杂任何个人的主观看法。正确的结果即是正确的,而错误的结果则是错误的,不论这些结果是否与我们最初的设想和看法相吻合。当我们的研究成果与我们的预期和个人愿景相吻合时,这当然是最理想的。但如果两者存在差异,我们也应当坦然接受,这代表着对事实的尊重和对客观事物的唯物主义看法。

在坚守以事实为基础的科学观点时,我们还需确保对研究成果的解读不会受到公众舆论或社会趋势的干扰。当我们的研究成果与社会趋势相吻合时,我们在分析时不应将所有与社会趋势相符的观点都纳入考虑;如果研究的结论与当时的社会趋势不一致,也不应轻易地质疑或简单地否认这一观点。当然,在得出结论的时候,我们需要保持谨慎的心态,尤其是在得出更有价值的新结论时,应该多次检查我们的研究计划,检查所有方面的条件是否得到控制,以及整个研究过程的每个环节是否符合设计要求等。如果检查结果显示一切正常,我们应该坚定地遵循研究的结论,并将其应用于教育和教学实践中进行验证。

二、教育心理学常用的研究方法

教育心理学常用的研究方法颇多,须视研究课题的性质和研究的目的而选用。

(一)观察法

这是一种研究方法,通过在自然环境中观察和记录个体的行为模式,以便更深入地了解其心理状态。为了确保观察的客观性和准确性,观察者需要关注以下几个关键问题:

第一,每一次的观察都只选择一个特定的行为。

第二,我们需要预先清晰地定义要观察的行为特点。

第三,在观察的整个过程中,应始终进行记录。

第四,我们选择了实物样本的采集方法。每一次都会在相对较短的时间内对相同类型的行为进行多次重复观察。

(二)实验法

这是一种通过创造特定条件来触发某种心理现象以进行科学研究的手段。在教育心理学的研究中,通常采用两种不同的实验方法。其中,一种方法是在实验室进行的实验,另一种方法是基于自然的实验。实验室实验方法:通常是在实验室环境中利用各种不同的仪器来进行实验。自然实验法融合观察法和实验法的优势,它不仅是一种主动的实验条件,而且是在相对自然的环境中进行的。自然实验方法不仅适用于研究多种心理活动,还可以用于探究个体的个性特质。在实验性的研究中,所称的"控制情境"具有双重含义:首先,它旨在最大程度地控制可能影响未来实验成果的各种因素,确保实验组和控制组在多个方面达到一致或相近的水平。其次,要对实验变量进行控制,确保只有实验组需要进行额外的实验操作。只有在这样的特定环境中,研究者才能依据实验数据来确定自变项和依变项之间的因果联系。

(三)调查法

针对某一或某几个特定问题,要求调查对象对其个人观点和行为进行回应。尽管这种方法主要针对个体,但它的核心目标并不是深入研究个体的行为模式,而是利用众多个体的反馈来分析和推断团队的心理动态。"调查"这一术语指的是探究被调查者提供的事实信息与其心理信息之间的相互联系。所称的"事实资料"涵盖他们的个人信息,如姓名、性别、年纪、受教育程度、家庭背景等;而"心理资料"则详细描述他们对此问题的认知、观点、预期、态度、信仰和行为等各种心理响应。事实数据被视为个体的变量,而心理数据则被认为是反应的变量。为了进行调查研究,通常会使用问卷调查、口头提问和口头回答的方式来收集上述所需的信息。

(四)作品分析法

个人的各种能力、倾向、性格和情感状况,都可以通过某种方式,从他们的智慧活动中得到体现。因此,通过阅读学生的日记、作文和绘画作品,我们可以在一定程度上了解其作者,这种方法被称为作品分析法。

(五)教育经验总结法

从心理学的视角出发,对优秀教师在教育实践中的经验进行科学分析,并总结出学生在掌握知识和技能、智力发展、道德品质形成等方面的规律,构成教育心理学研究的关键方法。这种做法不仅有助于优化教育流程和提升教育品质,也有助于丰富和拓展教育心理学的研究领域。

第七章 高校教育管理创新理念

第一节 坚持创新理念

创新意味着对旧的制度和事务进行改革,对过去的生产关系和上层建筑进行局部或基本的调整和改变。因此,创新意味着对不佳的部分进行改进,纠正错误和不合逻辑的部分,从而实现创新的终极目标。为了创新,我们需要有明确的价值观和目标,也就是要有清晰的创新观念,这直接影响到创新的起点和未来的方向。高等教育的教学是对大学教育的理解、任务、功能等核心议题的理解和观点,它是大学教育管理实践的综合和总结,涵盖管理观念、学习观念、教育方法、办学哲学等方面。

一、统筹理念

在我国,高等教育被视为公共资源和服务的重要组成部分,它的物质基础是大学,而大学的核心特性是作为我国的事业单位,这种公共利益的性质是不会有所改变的。在党委的领导之下,校长负责制作为我国高等教育的核心领导模式,体现了"党与政府紧密结合"的领导策略。党委领导是大学政治权力的集中表现,具有全局性的特点,党委在大学内部治理过程中的意见整合和宏观决策作用是不可缺少的。

统筹,这一由数学发展而来的系统性科学观念,主要侧重于一个事物在其发展或行为执行阶段所涉及的全面的规划、指导、服务和支持体系。政府的统筹意味着从整体事务的视角出发,进行全面思考、深入观察、工作策划、整体整合与协调,以及富有创意的思考和为整体服务的能力。我们不应因小而失大,而是要平衡全局的各种利益,确保整体的和谐、布局的合理性、利益的合适性、人文的和谐性、思维的协同性和工作的有效性。因此,政府在高等教育领域的整体规划可以围绕这个核心理念来进行,也就是政府的整体规划、指导、服务和支持。对高等教育机构的发展速度、规模、质量和结构进行全面的宏观管理,推动管理、运营和评价的分离,以形成一个政务明确、权责分明、统筹协调、规范有序的管理体系。关于学校的布局、各个学科和专业的设定、学位授权地点以及继续教育的未来规划。全面整合研究生教育、本科教育、高等职业教育和高等继续教育,努力构建一个层次清晰、种类丰富、具有独特特色且充满活力的高等教育体系。

推进高等教育的内涵式发展是新的高校教育发展指导方针,它是"提供人民满意的教育"的坚实基础,是"全面实施素质教育,深化教育领域的综合创新,努力提高教育质量,培养学生的创新精神"的最好保障,也是"立德树人",培养德智体美全面发展的社会主义建设者和接班人的关键措施。内涵式发展所指的是,以科学发展观作为主导思想,摒弃高等教育机构传统上追求规模和数量的粗放式发展方式,转而专注于追求效益和质量的创新发展路径。效益、质量和创新三者紧密结合,其核心理念是深化内涵的发展,而重点则集中在学科和制度的建设上,这种动力来自不断深化的创新,而实现和谐校园建设则是其保障。

第一,在整体规划和指导方面,构建高等教育机构的学科分类体系,并对学术进展进行分类管理;对高等教育机构的人才培养方式进行创新,以提升人才培养的质量和深度;加强对高等教育机构学术活动的监控和评估;全面协调和推动各个级别和类型的高等教育的协同发展;全面协调高等教育在城市与农村、不同地域之间的协同发展。

第二,我们需要综合考虑并制定满足标准和国家实际情况的高等教育机构的办学资格、教师招聘、招生质量等方面的标准。在整体服务方面,为了深化高等教育的综合创新并促进教育事业的科学进步,我们必须以"三个满意"作为行动的起点和终点,致力于关心国家的未来和服务国家的战略目标,确保党和国家的满意度;在积极承担社会职责和满足社会对创新型高等教育不断升级的期望方面取得一定进步,赢得广大民众的认可。我们始终坚守"以人为中心"的原则,致力于实现、保护和发展学校所有师生和员工的基本利益,确保他们的满意度。为了提升中外合作办学的质量,我们积极引入国际上的创新教育资源。

第三,在整体支持和帮助方面,我们需要确保扩大高等教育机构的办学自主权,进一步完善具有我国特色的现代大学制度,并加强对教育中的腐败行为的打击和预防机制;全面整合和完善以政府财政资助为核心,社会捐赠用于教育的资金支持,以及有限的自主探索机制,以实现高等教育市场化的稳定增长;构建地方政府旗下高等教育机构的教育责任评估体系;尝试建立政府的监督机制高等教育机构的职责执行机制。

管理体制和运行机制的重大变革涉及法律制度、组织架构、权责划分、运行规则、利益调整等方面,其内涵非常丰富,是一个系统化的制度安排,这都需要政府的统筹来部署和实施。接下来,政府需要全面协调政治体制和市场经济体制的创新,以确保我国高等教育管理创新与政务分离、管理与运营分离、转变政府职能等其他政治、经济、文化和社会方面的创新能够紧密结合,相互影响,并逐渐推动。为了进一步推进教育管理创新,我们应探讨如何将政府与学校、管理与运营分开的具体方式。

二、参与理念

随着我国政治、经济、文化和社会环境的不断演变,我国的高等教育也从精英教育模式转向大众教育模式。这一转变不仅反映了我国政治体制创新的持续深化,也是社会主义市场经济创新深入民心的体现,同时也满足了社会对开放文明的内在需求,并为我国文化的传承和提升提供了持续的动力。

社会在高等教育管理创新中的参与有其必要性,主要体现在以下几个方面:首先,考虑到高校的系统性和开放性,高校教育作为一个完整的系统,要想持续存在和发展,就不能自我封闭。高等教育机构在追求自身的生存和发展时,必须充分利用其物质、人力和财务资源,并且不能忽视与社会的广泛联系这一不可忽视的事实。高等教育机构应当致力于增强其开放性,并将其与我国的实际国情相结合,从而构建一个让社会参与到高校管理中的有效机制。其次,由于经济和社会生活方式的巨大转变,高等教育的普及度持续上升,终身学习教育制度(如继续教育和职业教育)逐渐深入人们的心中,这极大地激发了社会对高等教育的参与意识。再次,在竞争激烈的市场环境中,人才的需求和市场竞争已经变成市场生存的基本法则。市场上的竞争者,如企业,已经加强与高等教育机构的合作关系,积极参与到大学教育的实际操作中,以寻找能够满足其需求的合格人才。最后,高等教育机构的自主化办学所带来的就业压力、经费开销和后勤服务的社会化创新,亟需得到社会各界的大力支持和协助。总体来说,高等教育机构允许来自社会各个领域的人员参与其管理活动是既必要又实用的。

社会在高校管理中的参与主要涉及:首先,社会在高校决策过程中的参与。高等教育机构在管理创新方面需要更多的专业知识和人力资源,以确保高校在决策机制、运营模式、组织结构等内部环节都能接受到民主和科学的监管、反馈和建议,社会参与在这一过程中的重要性是显而易见的。其次,由于市场权力对高等教育机构权力的制约和影响,社会在高校管理中的参与逐渐变得更为深入。高等教育机构在专业和课程设计方面持续关注市场的需求。同时,高校毕业生的就业市场也要求高校的教育管理更加贴近社会的实际情况,以及高校内部事务信息的公开透明等。第三点是,高等教育机构的社会服务功能鼓励社会参与到大学的教学和科研等高级领域中。高等教育机构与商业实体之间的合作实际上是社会参与程度的一种体现。我国的高等教育创新是一个综合性的项目,能否在市场经济的浪潮中经受社会的考验,决定了创新的成功与否。我国的高等教育机构需要深刻理解当前的发展需求,增强其社会服务能力,培养强烈的社会服务观念,并将社会参与视为管理创新的核心,确保科技成果得到实际应用,提升其在社会中的知名度和权威,以满足社会的创新需求。高等教育机构面临的多样化需求、向社会中心的转变和教育资金来源的多样化都要求社会的广泛参与。这不只是高等教育发展的普遍方向，更是确保高等教育内部管理制度健全的关键因素。

三、公共利益理念

所谓的公共利益，是指与大众相关、为大众的公共需求所带来的利益。按照《公共政策词典》的定义，公共利益是指那些在国家和社会中占据主导地位的集体利益，而不是某一特定狭窄或专业领域的利益。根据《中华人民共和国教育法》第八条，所有教育活动都必须与国家和社会的公共利益保持一致。公共利益源于人与人之间的社交互动，它代表公民个人利益的终极价值方向，体现了长期、集体和整体的个人利益观念。在高等教育中，利益的主体可以被划分为国家利益、集体利益和个体利益。国家利益指的是国家在高等教育发展过程中所获得的对人才培养和科技技能输出的政治支持。团体利益指的是高等教育机构中各个权利主体在相互竞争和博弈中所获得的权益。个人利益指的是个体在参与高等教育活动和过程中所获得的参与权、保障权、结果权等权益。这三个利益相关方仅仅是基础利益和直接利益，如何调和这些利益的矛盾和分歧，以实现整体的利益平衡追求最大化，这正是公共利益导向的核心思想。

公共利益的正当性建立在特定社会群体的存在和成长之上，而公民接受教育的权利则是他们的基本权益之一。确保公民享有受教育的权益已经变成公共利益导向的普遍特点。高等教育机构的社会服务功能是公共利益至上思想的具体表现，这需要得到国家法律的保障，例如《中华人民共和国宪法》《国家中长期教育改革和发展规划纲要》《高等教育法》等。作为公众受教育权益的一部分，高校教育已经从精英教育模式转变为大众教育模式。受教育群体的数量和文化水平已经呈现出社会普及性和公民自主性的趋势。因此，高校教育创新的公共利益导向能够更好地满足国家和个人的利益需求。在高等教育机构中，受教的群体不会因为年龄、性别、民族、肤色、国籍、经济状况或家庭背景等多种因素而受到影响，确保他们在获取和传播教育知识方面享有平等的机会。高等教育机构在知识、科技和人力资本的生成过程中需要提高效率，推动教育产业化，进一步优化教学环境，加大对教育奖学金和贫困学生补贴的投入，以促进高等教育事业的公平和正义。

高等教育机构在教育管理创新方面涉及社会公共资源和资金的合理分配和使用，这直接关系到社会成员的共同利益，因此创新成果应当被全社会共同分享。高等教育创新的公共属性体现在其公共性、社会性和整体性上，这不仅涵盖国家、政治、文化和文明层面的利益，还包括社会、经济、文化和政治层面的利益，以及个人在物质和精神层面的利益。在高等教育管理创新中，追求公共利益被视为核心的价值观念，它不仅是我国特色社会主义高等教育创新的基石和起点，也是平衡权利主体追求共同目标的关键指导方针。

四、质量至上理念

高等教育的创新观念是与时代同步发展的产物。其中，以质量为核心的学习观念起源于首次世界高等教育大会的两个关键文件。联合国教科文组织视高校教育质量为一个多维度的观念。这个概念包括两个主要方面：一是关于"层次"的议题，意味着高等教育的质量实际上是多个层次质量的综合体现；二是关于"方面"的议题，意味着高等教育的质量涉及多个维度，这是一个综合性的结构。

在高等教育体系中，通常可以将其分类为研究型高校、教学研究型高校、教学型高校和高职高专院校。不同级别的高等教育机构在追求质量标准、人才培养策略和学习观念上都存在差异，这些差异往往是基于学科、专业和学术的独特性而产生的各自的质量标准。随着我国高等教育机构在社会资源分配上的局限性和政府资源的集中管理模式的变化，我们可以观察到高校在不同的层次上呈现出雷同化和趋同化的特点，这导致高校教育质量的层次差异逐渐被高校自身的建设和发展所消除。然而，随着社会进步、社会分工和资源专属性变得越来越突出，这导致了对高等教育质量的需求范围大大扩大，而高校教育质量的不明确性进一步恶化了大学的就业环境。要解决高等教育质量分层发展的问题,除了政府的整体规划,高校自身的定位也是关键因素。大学的历史沉淀了深厚的文化底蕴,这种文化底蕴塑造了大学的人文精神,而大学的人文成就则是大学精神的体现,这就是我们的校训。在高等教育的创新过程中,按照教育的固有规律进行办学,实际上是对大学文化遗产和人文环境独立办学的一种肯定。高等教育的多维度质量不仅涵盖学生的素质和教师的能力,还涉及图书馆的使用效率、学术讲座的品质、学校的后勤服务质量,以及学术氛围中的自由与民主等因素。

高等教育机构需要确立以质量为核心的教育观念,并从教学目标、教师与学生的角色定位、课程内容、教学模式、教学手段、考核方式、教学理念等多个维度进行全面改革。比如,我们应该提高学生的社会责任感,并重视他们的决策意识和技能培训;以学生需求为核心,高度重视知识的吸收与应用,以及主观能动性的充分发挥;强调学生在学习中的核心地位,并积极地寻找学习的兴趣与努力的方向;我们需要强化教学内容的基本性质,并努力提升教学内容的深度与宽度;促进学生个性的成长,并激发他们的发散性和创造性思维能力;激发合理的竞争精神,激活教学手段,并重视社会实践活动;为了拓展学科的社会研究领域,我们需要关注科学的前沿知识,拓宽学生的视野,增强他们掌握知识的能力,并通过提高知识的质量来应对更多的挑战。

第二节　把握职能定位

高等教育机构是执行高等教育的社会实体,它们的核心职责是进行学术研究、分享知识和传统和服务于社会。考虑到我国深厚的历史和文化传统的独特需求,我国的大学主要承担着培养人才、进行科学研究、为社会提供服务、文化的传承与创新等四大核心职责。从四个核心职责来看,教育和培养学生是最终目标,科研成果是实现这一目标的工具,个性成长是核心理念,而为行政服务则是实施模式。

一、突出育人

要促进高等教育的深度发展,首要任务是平衡人才培训与科研活动之间的关系。在高等教育体系中,人才的培养被视为最基本的任务,它在四大核心职能中占据中心位置,包括科学研究在内的所有高等教育活动都应致力于支持和促进学生的全面发展和才能的培养。人才的培养目标在于塑造其全面的素质,这包括人格、知识、技能和身体素质,也就是所谓的"德智体美劳"。大学的主要职责是培育全方位且能够自由成长的人才,并为我国的发展培养出符合社会主义建设要求的合格人才,这也是我国高等教育现代化进程中的核心使命和首要原则。要实现核心职能,关键在于知识的教授,这两者都可以总结为教育和培养人才。"大学的真谛在于明确道德,亲近民众,并追求至善的境界。"高等教育机构的核心任务是培养专业人才,特别强调创新能力的培养,并努力将科学与人文素养相结合。为此,首先需要建立一个以学生为中心的高校教育质量评估体系,将教育的重点放在学生身上,从关心学生的成长和体验出发,将学生的自主学习能力和全面的课堂教学质量评估作为评估和考核的关键内容。我们的目标是培育学生拥有创新思维、出色的竞争力,并掌握多方面的知识,以满足市场经济的发展需求。高等教育机构的教师需要积极参与社会实践活动,以深化他们对社会需求的直接体验,并突破高校教育在内部自我封闭方面的认识局限。高等教育机构中的教师和学者通过体验和实践社会需求,不仅可以增强他们解决实际问题的能力,还能丰富教学资源,并将社会迫切需要的技能传递给学生;从另一个角度看,这也有助于学者和学生更真实地理解社会的需求,强调培养学生的创新思维、终身学习的理念、基础学习能力,以及以学生为中心的教学方法创新。高等教育机构有责任深入研究社会所需的各种层次和类型的人才的素质和能力,以便为这些人才在社会上的输出提供全面的素质培养、技能培训、智力支持和全面的素质提升,从而实现知识价值的有效转化,并确保科学技术作为第一生产力的理论与实践无缝对接。

二、注重科研

高等教育机构的功能是基于社会发展的需求而形成的,它代表社会对高校教育的期望和责任,也是高校教育与社会互动关系的核心展现。《国家中长期科学和技术发展规划纲要》(2006—2020)为科研工作设定了明确的指导原则:鼓励自主创新,突出重点,为发展提供支撑,并为未来指明方向。高等教育机构作为我国科技创新的新兴力量,不仅是科研竞争的前线,也是展示国家综合实力的关键环节。高校的科研输出成为确保高校在人才培养、社会服务和文化传承方面功能的重要保障。

高等教育机构的科研输出最大化依赖科研管理人员的综合素质建设,这包括知识、管理、服务等多方面的素质。为了实现这一目标,高校需要建立完善的科研培训和培养机制,赋予科研管理成果转化的权利,并激发科研输出的积极性。在科研管理职能通过社会输出来实现科技转化的过程中,我们需要努力实现四大能动性,即能动策划、能动组织、能动跟踪和能动管理。我们需要加强科研课题的设计和项目的申报策划,提高科技成果转化和奖励的策划意识,加强科研部门跨学科创新团队的组建,加强社会合作企业技术成果转化平台的推广,加强科技推广的跟踪机制,加强基础研究与应用研究的有效整合。高等教育机构必须坚定地认识到,高质量的科学研究是人才培养的关键支柱。因此,应鼓励教师集中精力进行有助于提升教学品质、促进理论创新以及服务于经济和社会发展的科学研究,并确保这些研究成果能够及时地转化为教学材料。我们还需要妥善平衡科研与教学之间的关系,确立科研服务于教学、科研服务于社会的观念,以增强高等教育机构的科研能力,并提高学校的知名度和学术声誉。

三、坚持个性发展

从根本上说,大学管理是知识和科技的创新组织,特别是在我国高等教育管理创新的社会环境下,大学管理需要具有开创性的创新精神。我们只有拥有创新思维,才能建立和塑造一个具有深度发展的高等教育机构,进而培养出具有独特个性的个体和团队。

从个体的角度看,无论学生,还是学者,都应确保思维独立、学术自由和民主平等。个性不仅反映了一个人的整体精神状态,还是其独特的心理属性,而个性的成长则是个体个性、创新精神和主体性得以体现的过程。高等教育机构应致力于培养学生的个人理想和完善其人格特质。在设定和实践个体的短期、中长期目标以及宏伟理想的过程中,我们需要将个人和社会的价值整合在一起。通过高等教育机构的文化和学术载体的输入输出,以及高校个体的持续努力和平台支持,我们致力于为国家和社会提供服务。我们致力于培养具有集体荣誉感、团队合作精神、拼搏精神、对生活的热爱、对知识的严谨追求、勇于探索的态度、全面发展的思维方式等独特的心理特质,同时也注重人文修养、社会责任感、道德观念、个人兴趣、体育活动等社会人格的培养。高等教育机构还应致力于培养学生的创新思维和能力。个性的成长构成创新精神的根基,而创新精神追求的目标是人本主义,其中以人为中心的核心理念便是个性的全面发展。经历对高等教育知识的接触、教授、研究和深入探讨后,高校的学生结合自己的兴趣和喜好,通过对知识的深入探索,无疑会激发出创新的活力,并为创新意识和能力注入新的活力。在这个过程中,高校学生的事业热情、责任意识和使命感会在他们的个性培养中逐渐形成。高等教育机构的学生应努力扩大视野,通过利用高校的知识平台和教育交流项目,紧跟全球最前沿的知识,深入了解人类发展中的难题,吸收国内外的先进思想和知识,从而总结出他们追求的目标和方向,并确立崇高人生追求。高等教育机构展现出强烈的个体活力和自我约束能力。在高等教育机构中,学生在追求身心健康的过程中,需要抵抗社会思潮的影响,加强自我约束,投入更多的时间和精力,以实现个人和社会价值的最大化。

从学校的角度看,高等教育机构应当确立其独特的教育风格和深厚的人文传统。第一,丰富高等教育机构的自我精神。深挖高等教育机构的历史和文化遗产,融合现代大学的教育哲学和核心思想,继续传承大学的核心价值,并明确大学的职责和使命。第二,确立高等教育机构的独特理念。遵循高等教育机构的校训,加强对每一届师生的校史教育,深入学习高校学术大师和学术大家的人格魅力和创新精神,尊崇师德,继承高校前辈的奉献精神和学术追求,加强本校的责任感和荣誉感。第三,完善高等教育机构的文化体系。对高等教育机构的章程进行完善,推动制度的创新,将大学的核心精神和行为文化整合到制度设计中,使之在师生的行为中得到体现,并通过制度来监督大学文化的内部渗透。第四,对高等教育机构的标识体系进行完善。充分发挥高等教育机构的校旗、校歌、校徽等文化标志的视觉价值,为高校制定标识使用的标准,并研发出具有高校特色的文化产品。比如,信纸、邮票、台历、纪念物、纪念册、公文模板、校务公示模板、大学录取通知书、成绩单、奖励证书等。第五,对高等教育机构的文化载体进行创新。利用大学的各种活动,如校庆、运动会、毕业典礼、新生入学等,来推广和传播大学的独特文化价值。我们致力于创建具有高校特色的学术讲座和高校名家论坛,以丰富高校文化的内涵和建设。我们通过多种高校文化载体,如图书馆、教学楼、校舍、校内微信、学生社团等,营造全面丰富且具有鲜明个性的高校文化氛围。

四、着眼服务行政

"服务行政"这个术语起源于德国的行政法律专家厄斯特。在从计划经济向市场经济的转型过程中,服务行政被视为行政法的角色和功能的核心指导思想。我国行政现代化应该构建以市场或亲市场为基础的政府行政体系,将公共行政作为国家权力的载体,转变为为公众提供服务的实体。在高等教育机构中,服务行政是一种管理模式,其核心职责是以全体教职工、学生和其他利益相关方的实际需求作为服务的导向,并以提供创新性和满意度高的服务为首要任务,同时不断地优化和完善服务保障和服务体系。

在服务行政方面高等教育机构,需要从"权力和政治为核心"的模式转向"大学章程为核心"的模式,并从"管制行政"模式转向"服务行政"模式"。坚持有限性、法治性、民主性和有效性的原则,秉持以人为中心的思想,高度重视高等教育机构的学术权益,并加强服务态度;通过建立沟通和协调的民主平等对话机制,我们致力于推动高等教育的高质量发展,促进大学生的全面成长,并加强高校与其他社会组织之间的交流和合作。

高等教育机构在服务行政时,必须确保学术权力与行政权力之间的和谐关系。首先,我们需要平衡两者的合理性。独立行使学术权力构成了高等教育机构在学术自由、民主治理和公平正义方面建立学校的基础;行政权力的有效管理和执行构成高等教育机构管理效能和运营秩序的基础保证。只有当两者达到动态的均衡和相互支持共享时,我国的高等教育机构才能真正实现自主发展的目标。接下来,我们需要清晰地界定两者之间的权力界限。按照大学的章程,我们需要确立一个明确的分工、合作和相互制衡的合作关系。再者,学术权力和行政权力都是高等教育机构权力结构的关键组成部分,其中学术权力是高校权力的根基,而行政权力则应致力于为学术权力提供服务。最终,高等教育机构的政治权力为组织结构提供保障和框架。其中,行政权力被视为"制度性权力",而学术权力则被视为"权威性权力"。为了确保学术权力的地位和权威,行政权力需要经过精心的制度设计,以实现政治权力的问责和协调,确保高校内部权力的流畅运作。

第三节　构建权力结构

在我国的高等教育机构中,权力主要可以归纳为以下几类:由党委书记领导的校政党组织所持有的政治权力,校长领导的行政组织所持有的行政权力,高校学术委员会所持有的学术权力,以及以社会需求为核心的市场权力。高等教育管理的创新被视为一个综合性的项目,其中构建一个相互平衡的权力结构是这个项目中不可缺少的一个子系统。在整个大学教育管理的宏观体系中,内部环境与外部环境是相互影响的。外界环境涉及多种元素,如国家与政府的干预、民众与社会的需求等,但在这些元素中,市场无疑是核心和其有决定性的部分。在全面深化创新的过程中,经济体制的创新显得尤为关键,其核心挑战在于如何平衡政府与市场之间的关系,确保市场在资源分配中发挥核心角色,同时更有效地利用政府的功能。赋予市场更多的参与权是在外部环境中把握市场的核心,也是确保市场在高等教育资源分配中发挥关键作用的关键策略。

一、参与权

从历史的角度观察,我国高等教育机构在其发展历程中,市场权力在高校发展中的作用主要是通过学生的志愿选择、专业选择和大学生的就业情况来体现,但这种影响相对较弱。我们可以看到,市场力量在我国的高等教育管理创新中逐渐展现出其强大的软实力,并持续增强。改革开放以来,市场逐渐成为我国高等教育机构发展的一部分,经过多年持续发展壮大,市场影响力日益明显。例如,学校逐步建立以公立高等教育机构为核心,社会各方广泛参与,并由公立和私立学校共同成长的办学模式,同时采用市场化的学费制度、就业氛围和人才争夺策略。我国的高等教育机构在专业和课程设计上越来越注重满足市场的需求,这也使得公立和私立高校之间的竞争日益激烈。在市场经济的发展浪潮中,我国的高等教育机构中不断涌现出经济观念、主权意识、竞争观念、自由精神、宽容态度、平等观念、共赢博弈等。市场权力的组成主体广泛多样,是我国高等教育体系之外多种因素的综合体现,包括国家需求、社会需求和市场激励,涵盖国际化和全球化进程中的持续需求。市场权利的参与主要是通过三个方面实施。

首先,高等教育机构的服务质量需要与实际需求紧密相连。我国的大学毕业生人数持续上升,总人数不断刷新历史新高,毕业生面临巨大就业压力已经是公认的现实。面对学生严峻的就业挑战,高等教育机构需要更好地适应市场需求,强调学生在市场经济环境中的参与能力和条件,摒除以自我为中心和不追求进步的教育观念,充分发挥政治机关的调控作用。

其次,我们需要创新高等教育的服务方式。随着我国经济的持续增长和家庭支付能力逐步提升,高等教育资源作为最具潜力的市场,其对外交流的广度和深度在我国也在持续扩大。为了促进全社会高等教育资源的广度交流,增强我国高等教育在全球的影响力,我们必须确保学术权威在我国高校的发展过程中发挥专业作用。

再次,市场的权威要求大学的信息必须是公开透明的。信息公开意味着获取信息的权利和参与其中权力与监管权是紧密相连的。随着我国政治制度不断创新,更全面的信息不仅可以服务于消费者保护的目标,也有助于提升生产者的经济效益。产品质量的信心能够激发生产者对质量改进的投资,从而有效地在市场上进行竞争。近年来,有多家单位或团体发布我国大学的排行榜,这种全面而丰富的"消费者导向"排名信息的发布,需要我国高校的学校声誉、学生保持率、学术研究成果、专业排名等多个维度和多个指标的权重展示。这些与高校教育质量信息的大量公开有关,需要我国高校行政权力发挥管理和调控的作用。

二、管理权

为了确保高等教育机构的高效运作和有序运行,行政权力起到了不可或缺的作用。在高等教育机构中,行政权力管理权的确定旨在为行政权力在学校运营中划定一个合适的界限。这意味着通过以校长为核心的行政管理团队来提高学校执行职责的效率。在高等教育机构中,以校长为核心的行政权力主要集中在行政组织的协同工作上。这种权力的管理目标、操作方式以及管理成果的反馈都强调校长在整个高校中应有的宏观视角,确保高校有序运作,并充分发挥其"办学者"的重要角色。在高等教育机构中,行政权力呈现出单一的特性,每一所大学仅能拥有一个独立的行政权力体系,而这些权力是从上到下逐级施行的,最终目的是实现行政权力的既定目标。随着高等教育机构规模的持续扩张和内部管理变得越来越复杂,行政权力的有效运用面临新的挑战。

高等教育机构的行政职能主要集中在培养人才、推动科技创新、提供社会服务、文化传承与创新等四个核心领域,这一目标可以从两个不同的角度来达成。一方面,代表国家和政府对学校进行管理,充分发挥管理层的职责,主要通过科学研究和教学活动实现合格人才的培养、人才智力的充分发挥、研究型和实践型科技成果的孵化等方面的社会价值输出;另一方面,塑造高校内部自我管理的掌控者形象,主要通过协调组织机构的运行、完善自我管理模式、提高高校内部资源的配置、构建高校的特色文化底蕴等实现自我价值流转。行政权力管理活动的基本原则应当以高等教育机构的政治权力作为支撑,学术权力作为基础,市场权力作为参照,以促进高校内涵的持续发展。执行高等教育机构的行政权力时,必须排除高校行政化过程中可能出现的不利因素,严格遵守高校管理章程所规定的管理权限,加强高校行政权力的服务意识,营造有利于高校学术权力充分发挥的制度和人文环境,以实现高校与政府、社会和市场之间和谐共生。

三、专业权

学术权力不仅是大学精神的具体表现,也是大学内在逻辑的客观需求,体现了大学的本质特点,构成建立现代大学制度的核心要素。高等教育机构的学术权力主要是由高校学术委员会代表,而参与这一权力的主体则是高校的教师。这种权力主要是基于学者本身的权威性。学术权力代表着在招生、考试、毕业、科研等多个方面具有不可动摇的重要性。这意味着最有资格进入高等教育机构的人需要了解自己是否掌握专业知识,是否应当获得学位,以及是否具备为社会提供服务的资质。为了实现学术权力的独立行使,高等教育机构必须拥有至少包括课程设计、教学自主性、教育评估权和文凭认定权在内的专业权。这就要求高校成立学术委员会、学位评定委员会、教学工作委员会等内部组织。

(一)学术委员会

科技处和研究生部的负责人,以及各学院和重点实验室具有正高级专业技术职称的代表,共同承担学术决策的职责,包括学术水平评价、科研项目申报、科研项目评审、学术道德评审、学术规范教育、学术诚信教育、学术不端行为审查等。

(二)学位评定委员会

学位评定委员会由科技处和研究生部的负责人,以及各个学院和重点实验室中持有正高级专业技术职称的代表组成。负责执行学科学位的评估职责,包括但不限于审查学位申请、授予学位、撤销学位、指导教师进行审查等。

(三)教学工作委员会

教学工作委员会对学校的教学工作计划和主要的教学创新策略进行审查,并为全校的教学活动提供指导,对学校的专业建设、课程设计、教材制定、实验室和实践教学基地的建设进行审查,对教学奖励进行审查并为各种奖学金提供推荐,对学校的教学管理规章和制度进行审查,对学校的教育和教学研究以及项目课题的申报进行审查,进行教育教学的研究、调查等活动。学术权力在高等教育生态系统中扮演着特殊的组织角色,致力于确保教学、学习和研究的自由。它与行政权力共同影响高校的内部决策过程。特别是对行政权力对学术自由权的干预,我们必须始终坚守学术的理性和平等的学术资格,也要重视学术权力的基础建设和保护学术人才的个人权益。

第四节　健全机构设置

高等教育机构作为一个独立的组织,其组织结构和制度设计是不可或缺的。我国的高等教育机构在进行创新时,基于创新观念、职责定位和权力平衡深入思考,在科学合理的决策框架内采取合适的机构结构来满足创新的需求。正确的创新观念需要机构的多样化和民主化设置。为了实现精确的职能定位,我们需要简化和扁平化机构设置,并构建一个科学且合理的横向组织结构;为了实现权力的制衡,机构的构建必须遵循制度化、规范化、程序化的原则;科学的决策结构要具有开放性和与时俱进的特点。

一、决策机构

鉴于我国高等教育机构中的政治和行政权力已统一为行政权力,这种权力平衡确保决策和行政机构之间的独立性。事实上,我国的公立高等教育机构至今尚未建立一个专门负责决策的机构——大学决策联席委员会。大学决策联席委员会由以下成员组成:高等教育机构党委代表、教育机构代表、教育工作者代表、学生代表、校友代表、社会知名人士代表等。大学的决策联席委员会主要由高等教育机构内外的主要参与者和与外界保持紧密联系的机构组成。该委员会的建立和功能执行是基于大学章程的明确条款,其常设部门为高校党委办公室,并下辖三个子部门:共青团、国有资产处和组织处。大学决策联席委员会并不参与高等教育机构的具体管理流程,而是依据大学的章程来对行政权力的越界限制和学术权力的违规问责,以及解决两者之间的权力冲突。大学决策联席委员会汇集行政、学术、市场和政治的权力代表,致力于高等教育机构内部的自我管理和控制,以及对自身发展中遇到的问题和关键议题进行自我评估和决策。大学决策联席委员会的组织流程、成员组成、决策制定和执行都是由高等教育机构的章程规定,是大学的整体决策和具有方向性和政治性的决策实体。

二、行政机构

高等教育机构的行政执行是由校长发起的。校长办公会由校长和各个行政处的处长组成,其主要任务是对高等教育机构的内部事务进行行政管理和执行。该会议的召开频次更高,参与执行的人数也更多,执行效率更高,关注的焦点也更加细致,其核心目标是为高校、师生提供服务和保障。校长办公会是由校长办公室这一常设机构来负责组织、安排和协调校长办公会的召开,以及高等教育机构的事务和对外事务的发布。在大学的章程制度和政治权利的授权与代理关系中,决定成立一个以校长为领导的行政执行部门。学院下属有人事处、财务处、医务处、总务处、就业处、保卫处、外联处等校级行政服务保障机构,以及各学院设立的院级行政服务机构。学院办公室则由辅导员、学院行政主任等行政人员组成。

三、学术机构

在大学章程所规定的制度框架和保护措施之下，高校已经建立学术委员会、学位委员会和教学委员会这三个主要的学术自治实体。学术工作部、学生工作部和教学工作部负责管理高等教育机构的图书馆、电教中心、实验室和出版社，覆盖高校学生的招生、录取、选课、学术活动、学生活动、学习安排等方面。高等教育机构中的各个学院也各自建立了学术工作部、学生工作部和教学工作部的下级机构，这些机构负责独立管理高校师生在学习、活动、学术研究、科学研究、国际交流等方面的事务。在高等教育机构中，各个学院的院长不仅是学术型人才和管理能力的象征，也是学术权威的具体代表。他们不受行政权力的限制，独立地进行管理活动。为了满足学生在德、智、体、美等方面技能的学习需求，他们采用内部宽松的学术氛围和松散的组织结构。

四、监督机构

构建大学章程的制度框架和权力平衡机制时，建立校友会、校企合作联盟、工会、纪律审查委员会、审计监督部门等监督和反馈机构。监督和反馈不会受到行政和学术权力的制约，具有向高校的政治权力，也就是高校决策联席委员会提交重要议题审查和问责的权利和义务。监督反馈机构不仅需要对反馈行政执行机构的组织结构和职责执行进行监管，还需要对反馈学术自治机构的组织结构和功能进行监督，以协助高等教育决策和治理机构更好地实现高校自主发展的协同效应。

第五节　保障运行机制

高等教育机构构成一个完整的系统，包括高校的内部结构、高校的领导团队和高校的外部环境三大部分。高等教育机构的外部环境是其实现良好治理的关键所在,高等教育机构内部的治理是高校良好治理的直接后果,高等教育机构的领导者扮演着连接高校内部良好治理与高校外部反馈的关键角色,而校长的形成机制也会受到高校外部环境和善治成果的影响。

在高等教育机构的内部运作机制中,决策、执行和监督的组织构架得以体现,具体包括大学决策联席委员会、校长和学术委员会。大学决策联席委员会由各利益相关方组成,共同决策大学的战略方向和未来发展。校长负责战略执行和行政领导。学术委员会负责对战略以及运营成果进行监控。这三者是通过政治、行政和市场的权力来相互制约。高等教育机构的外部运营机制主要涉及大学如何获取外部资源,如大学党委、学术委员会、学位委员会等。主要资源涵盖资金、资源和专业人才,获取途径可以通过市场竞争,或者通过行政分配。高等教育机构的外部运作主要集中在大学与政府和社会之间的互动关系上;评估大学是否能够平等地获取外部资源,尤其是来自政府的公共资源,是一个关键标准。高等教育机构的外部运营机制要想实现合理和稳定,必须依赖法律和相关法规。也就是说,需要通过法治手段来达成这一目标。具体地说,高效的运行模式依赖于建立科学的决策机制、构建和谐的外部关系和整理有序的内部关系。

一、优化机制设计

决策体制是确定运行机制是否高效的基础和前提。为了优化机制的高效运行,顶层设计需要探索大学决策体制的范围、内容、实施等方面的活动。决策体制应服务于高校的办学定位和大学精神,决策内容应针对大学的办学自主权和办学风格等宏观层面,决策实施应配合管理制度和大学章程的具体规定,决策机制应结合高校内部的权力运行机制进行布置和安排。学校的办学方式和办学质量的建立,构成决策过程中的关键和基础。

在行政化的高校管理模式中,大学的决策结构是由高校党委领导下的校长负责的,这一体制完全受其下属政府机构的指挥,无论学校的创立、校长的任命、高校的经费来源,还是高校的教学和科研等具体的决策内容。在高等教育机构中,内部决策系统不仅是推动高校发展的主导力量,而且采用基于科层制的管理方式。该系统实施"校—院—系—室"的四层管理结构,各部门的负责人由行政长官负责,具有明确的隶属关系,并采用行政权力运行的组织架构。政府主导下的高等教育机构的决策结构,内部运作基于政治权力的意志表达,而高校的内部评估标准和依据也反映了政治权力的价值和权力的价值基础。我国的高等教育创新是从创新行政化的高校管理决策体制和建立现代大学制度的角度出发的,目的是探索建立符合学校特性的管理制度和配套政策,逐步取消现有的行政级别和行政管理模式。为了应对党委领导下校长负责制决策体制导致的政治和行政权力的过度扩张,规范权力的行使,推动专家进行学术研究,并激励决策过程中的参与,我们要对高等教育机构的内部决策机制进行重构。

首先,我们需要完善高校党委领导下的校长负责制和高校决策联席委员会这两种决策机制。高等教育机构的党委和校长采用民主集中制的决策机制,可以进一步演变为高校决策联席委员会和校长负责制两种不同的决策体系。高等教育机构的党委是学校政治权力的中心,它的权力是由国家提供的,并在大学中占据主导地位。我国的高校党委肩负着重大的责任,他们需要统筹全局,协调各方,统一领导,主要任务是确定正确的高校办学思路,设定高校办学目标,明确高校的办学任务,体现我国高校的四大职能,并实现高校的内涵式发展。高校决策联席委员会由高校党委主导,并由高校内部的各个团体和部门的党员组成。该委员会的职责非常明确,包括遵循大学的章程,明确高校的方向,关注重大事件,以及进行有效协调和沟通。该组织负责委员会的召集、组织、成员资格的审核、会议的发布等多项具体任务,以服务于高校的决策联席委员会。不介入、不干预、不干涉高校的内部管理,只负责行政权力的越权纠正(大学章程),学术权力与行政权力的调和,政治权力的问责权的行使。作为我国高等教育机构的法定代表,高校校长在高校章程的明确规定下,积极履行其行政职责,并全权负责高校的内部管理和组织结构建设。

其次,增强学术权威,展现大学的核心理念。学术权威主要由学者持有。根据大学章程,我们应确保学者的学术自由,让他们在学术活动中起主导作用。依据高等教育机构的章程,我们需要建立一个自我评估和选拔的机制,并采用扁平化、非集权和松散的自主管理模式。通过学术机构,即学术委员会、学位委员会和教学委员会主导和行使高校的学术权威,实现学术自由。

再次,我们要推进制度创新,确保大学章程占据崇高位置。民主与法治不仅是时代发展的象征,也构成大学成长的根基。构建现代大学制度的目的在于确保大学学术活动的自由性,并营造一个包容多元、和谐共存的学术氛围和环境。大学章程不仅是高等教育机构的最高法律准则和权力界定标准,也是现代大学制度中最关键的组成部分。它作为行政权力与学术权力之间的联系和纽带,覆盖信息公开、质询、人事罢免、问责和激励等制度。在高等教育机构中,校长负责制下的决策机制要求严格遵循法律和民主管理原则,这正是社会主义政治文明在大学环境中的集中表现。这主要体现在以下几点:首先,行政决策的参与方呈现多样性。我们强烈建议高等教育机构的教师和学生积极参与学校的进步与建设,确保决策过程更加科学、规范和专业。为了增强高等教育机构教师的权益,他们应当享有独立学习和参与决策的权利;我们需要加强学生在大学内部管理体系中的角色和地位。学生不仅是大学决策过程中的利益相关方,而且应当具备参与决策的能力。我们积极邀请校外各个领域专家参与大学的决策过程,确保大学的管理更加民主,治理方式更加多样化。其次,决策过程需要民主参与。在推动校务透明化的过程中,不仅要保证决策流程透明,还要确保决策结果的公开性。按照大学章程的管理规定,所有与教师、学生和员工的个人利益、需要教师和学生了解的事项,以及与高校管理相关的规章制度等,都应通过高校的官方网站、BBS、校报、公示板、微信等渠道及时准确公开。再次,构建一套包括决策前的意见征集、决策流程的有效沟通、决策意见需求的集中收集、决策结果反馈和改进等环节的机制,确保信息传递的流畅性,以及对问题即时回应和解答。

二、营造机制外部环境

构建高效的机制运行环境主要集中在处理两个核心关系:一是与政府互动,二是与社会互动。为了构建和谐的外部关系,我们需要在一定程度上削弱政府与高等教育机构之间的联系。考虑到高等教育机构的核心特性,我们需要重新评估政府与高校在监管和被监管方面的角色定位。高等教育机构是国家教育进步的核心部分。鉴于高校教育的公共利益性质,政府作为国家的行政机关,有责任对其进行严格的监督和管理。在我国高等教育管理体系中,政府的监管权与高校的自主权构成一种内在矛盾。过度监管不仅会削弱高校的自主权,也不能确保高校沿着正确的发展路径前进。为了在政府的监管权与高等教育机构的自主权之间找到平衡点并明确各自的职责,我们需要削弱政府在高等教育机构发展中的直接监管角色,转向基于契约的制衡监管方式。

现代政府理念强调有限政府、法治政府和服务型政府的重要性。在市场经济的背景下,我国的高等教育机构不可能与市场脱节。事实上,市场在高校中的作用日益突显。与此同时,高等教育机构也不能完全受市场影响,不能完全融入市场,也不能丧失培养高质量人才的公共利益目标。为了确保高等教育机构的发展与社会主义的指导原则和政策相一致,最终实现国家人才培养计划的国家利益,政府对高校进行监管是非常必要的。必要的监管方式包括从政府的直接管理转向间接管理,从微观层面的管理转向宏观层面的调控,从严格的从属管理模式转向平等契约的制衡管理。通过明确规定权利和义务的具体内容,政府对高等教育机构进行有效监管和约束。

为了确保高等教育机构的学术权力为核心,并实现行政权、学术权与民主管理权之间的平衡,改变高校作为政府下属机构的历史定位,有必要对教育行政管理职能进行改革。政府必须确保其行政职能不影响高等教育机构的内部管理,并高度重视高校作为独立实体的地位。政府有责任在高等教育机构的自主权约束方面,对教育目标、教育质量、人才培养、教育经费等方面进行详尽规定。高等教育机构被允许独立制定教育方案、独立进行科研活动、自行决定其内部的组织结构和人员配置,独立地管理和运用其资产。在高等教育机构管理方面,政府的核心职责包括制定教育发展的长期规划、实施宏观经济调控、提供指导性的建议等,而这些职责并不涉及对高校内部事务的干预,进而促成合作伙伴关系的形成。在市场经济背景下,国家对高等教育机构的介入和调整是市场调节策略的关键补充,旨在完善高等教育的管理结构和操作方式。

为了构建和谐的外部关系,我们要加强高等教育机构与社会之间的紧密联系。高等教育机构作为知识的传播机构,主要任务是通过教育来传播知识,通过科学研究来创新知识,并通过为社会提供服务来应用这些知识。传递知识、创新知识和应用知识都是为了更好地服务学生和整个社会。塑造学生的人性,完善学生的人格,培养学生的技能,从而为社会的发展提供智力支持,是大学的崇高使命。高等教育机构的外部运作机制涵盖政府、家长、社区、教育机构、就业市场等方面,这些因素共同影响高校的发展和决策过程中的资源交换和流通。

高等教育机构与社会之间的互动关系在不同社会发展阶段表现出各异的特点。从农业时代社会结构的外围,到工业时代社会结构的边缘,再到知识经济时代的社会核心,高校与社会相互影响、深度融合和共同繁荣都源于这两个方面。高等教育机构在科技创新和人才培养方面具有产业化和信息化的优势,不仅满足社会的内在需求,而且在区域经济增长、产业科技创新和发展战略的基础上形成相互促进的关系。互动涵盖多个方面,包括合作项目、教育基地、继续教育项目、工程研究中心、远程教育、科技园区、绩效技术、管理理念等。高等教育机构不断地调整以满足社会进步的需求,构成它们之间互动的核心驱动力,而通过政治、经济和法律途径的协同合作和联合机构建设,确保这种互动有效实施。现代社会与高等教育机构之间的联系可以总结为社会的需求和资源的分配以支持高校的内部成长,而高校则持有开放、自由和民主的理念。

高等教育机构与社会之间的紧密联系是在高校能够独立办学的基础上建立的。也就是说,高校是服务于社会的教学和科研中心,而不是社会企业的一部分。高校的办学自主权和财政自主权是基于政府的投入和问责调控,而不是依赖市场规律来推动高校发展。高等教育机构必须坚定地维护对国家和社会文化、精神等无形资产的尊重,以及基础知识的研究和以社会公共利益为首要考虑的教学哲学。同时,社会对大学的接受度和资源的分配是有前提的,需要广泛的社会参与和决策反馈。

高等教育机构与社会之间的这种"若即若离"的积极互动模式可以描述为:"若离"代表着思想和理性活动的独立性,也意味着对高校的外部运营机制保持一定的独立性;"若即"描述的是高等教育机构与社会之间的紧密联系,以及它们之间的相互融合和一致性。高等教育机构与社会之间的积极互动主要体现在两个方面:一方面,社会构成高校的外部环境和基础;另一方面,高校以社会为存在的前提,吸纳社会文化和社会资源以完善自身。高等教育机构培养的人才和科技输出的目标是社会,其社会价值追求是满足社会的需求和人类的发展。高等教育机构作为社会的核心力量,不仅对社会体系的完善和健全起到指导作用,也受到社会体系适当干预和环境因素的影响。

在我国的高等教育管理创新过程中,我们需要采纳高校与社会之间那种"既近又远"的积极互动模式。为了在生源市场、教师市场和院校市场中保持竞争力,高校毕业生必须提升学术质量,采纳最有效的学术管理方法。鉴于学术知识具有高度的复杂性和不断变化的特性,专业自我管理可能依然是最有效地维护学术标准的手段。社会在高等教育中的知情选择权和参与权可以从多个维度和角度参与到高校的决策和管理过程中,确保每个人都有平等的参与权。这样,个人、社会和高校团体的利益可以形成一个共同的利益共同体,推动高校与社会之间的和谐发展,并形成开放、负责任、宽容和平衡的互动环境。

三、建构机制内部设计

在高等教育管理创新的运行模式中,内部关系的优化是确保创新成功的关键因素。大学管理的核心理念是以学术研究为核心,旨在推动学术领域的持续进步。学术管理的根本在于学术思维的自由和学术探索的自由,充分发挥学术权威的主导地位,遵循学术自由和民主管理的基本原则;在大学内部营造一个民主而宽松的学术环境,为科学创新提供一个优质的学术氛围。整顿大学内部的关系主要涉及行政权力与学术权力之间的平衡,确保高等教育机构的办学自主权,按照大学的章程行事,并依赖于高校内部合理的组织结构,以实现高校的良好治理。从根本上讲,整顿高等教育机构内部的关系实际上是多中心化的管理过程。

首要任务是对大学章程进行完善和强化。大学章程不仅是高等教育机构内部权力运作的法律依据,也是大学内部各利益相关方的制度性规范文件,更是大学管理活动的指导性纲领。大学章程应当明确规定高等教育机构内部如何行使政治权利、如何界定行政权力的管理范围、学术权力如何行使专业权,以及市场权力如何行使参与权等相关的制度要求,从而为高校的管理创新提供坚实的法律支撑。我们还要对高等教育机构的决策权力结构进行优化,确保学术决策在学术管理活动中起到核心作用。明确三会(学术委员会、学位委员会和教学委员会)各自的明确职责,并在学术领域内负责决策、管理、监督、执行和提供咨询服务。同时,加强三会的组织结构、人才培养和制度设计,并根据大学章程坚守学术道德、大学精神和校训。我们需要建立一个以质量为核心的学术评估体系,并确立公开、透明、公正且严格的聘任、晋升和科研激励机制,确保学术管理始终以学术为中心。强调严格和实事求是的学术精神与风尚,确保学术评估活动能够进行自主和独立的评价。我们要完善大学校长的责任制度,以提升行政管理的效率和水平。根据大学章程,我们需要进一步明确和规范大学校长在行政权力方面的行使界限和权限,确保他们始终致力于为学术、学生和学校提供服务。大学的校长不仅拥有出色的教育管理技巧,还具备现代化的管理能力。他们全权负责大学的行政事务,并积极参与市场决策的咨询和反馈。他们公正地处理与校务和学术相关的从属和主体问题,并始终尊重学术、教授和人文建设的重要性。推动高等教育机构内部的组织结构走向扁平化,同时提高行政管理人员在服务意识和专业技能方面的水平,完善和调整高等教育机构的人事、后勤、财务和信息管理等行政管理制度。

第八章 高校教育教学创新实践与发展

第一节 高校教育教学方法创新

在高等教育机构中,教育和教学方法的创新途径被视为创新活动的关键实践部分。研究这一问题不仅可以是对历史或当前状况的追溯和概括,还可以是对未来教育方法创新价值的构建。在评估教学方法时,我们必须客观地考虑其与人文环境的匹配度和技术支持条件的差异,而不能盲目行事。

在构建高等教育教学方法创新的基础路径时,科学性和新颖性构成两个核心依据。在教学方法中,"价值实现"与"感受共存"是其固有的规范,这不仅为教学方法的创新实践提供了"理论上的指导价值",也为科学创新提供了明确的路径,而"感受"则为创新提供了新的方向。

高等教育机构在创新教学方法的策略中,必须考虑两个核心要点。在创新教学方法的过程中,借鉴外国高等教育机构的教学方法是一个有效手段。这并不是为了评价各种教学方法的优劣,而是为了提升教学方法的多样性。我们需要高度重视教学方法在人文环境中的适应性和技术支持条件的多样性。在学习和借鉴的过程中,应根据不同的教学对象和该方法的原始背景进行分析,同时要注意克服在实施过程中遇到的困难,尝试其他可能的解决方案或利用相关技术来解决问题,这也是创新思维的一部分。在教学方法的创新实践中,掌握创新的基本原理和技巧仅仅是实现创新的基础,并不是解决创新问题的万能药。只有持续深化对创新方法的学习和理解,并积极地进行创新实践活动,我们才有可能真正掌握创新方法,并最终实现创新成果。

一、组合法

不论在大自然中,还是在人类的社群中,组合创新都是非常常见的现象。从教学方法的角度看,它涉及两种或更多方法或理论的部分或全部进行恰当组合,从而创造出新的教学策略。可以断言,组合法不仅是创新的基本原则之一,而且与教学方法的创新实践相契合,这也意味着组合创新的可能性和范围是无限的。

二、分离法

分离原理的核心思想是对某一创新目标进行科学的拆分和离散化,这样可以将主要的问题从复杂的情境中揭示出来,进而帮助明确创新者的思维方向,并更好地识别主要的矛盾。在创新的过程中,分离原理主张对事物进行拆解和解构,激励人们在创新和发明的过程中,突破事物的传统束缚,将研究的焦点进行区分,从而产生全新的观念和创新的产品。分离法是一种教学方法的创新方式,它将过去或已存在的常见方法进行拆分,并按照特定的逻辑关系进行组织,甚至对其进行扩展和放大,使其成为一种与原有方法相当,甚至超越的新方法。

三、还原法

为了真实地还原事物,我们需要绕过传统的社会规则,将被认为"合理"的事物定义为"非",而将事物的原始状态定义为"是"。这意味着我们需要深入洞察事物的本质,在创新的过程中能够回到事物的初始位置,紧紧抓住问题的核心,提炼出最关键的功能,并专注于研究实现这些功能的策略和方法,从而获得最佳的创新成果。教学方法的创新与其他所有形式的创新一样,都有其独特的创新起点。我们需要追溯到这一创新起点,从这个起点出发,寻找各种可能的解决方案。通过运用新的思维方式、新的技术手段和新的方法来重新构建教学方法,从根本上解决问题,这就是恢复创新方法核心价值的关键所在。

四、移植法

创新理论指出,移植法是一种将一个研究对象的基本概念、原则和方法应用到另一个研究对象上,从而实现创新成果的创新方法。"他山之石,可以攻玉。"移植方法的核心思想是利用现有的创新成果来重新设定创新的目标。在教学方法的创新活动中,移植法可以是从同一学科领域进行的"纵向移植",或者从不同学科领域、不同地域进行的"横向移植",甚至可以是从多学科领域、多地域教学方法的理念、思维和方法综合引入的"综合移植"。通过移植,我们可以获得创新成果。

五、逆反法

逆向思维被视为一种创新的重要手段,它要求人们有勇气并擅长突破传统思维的限制,对现有的理论、科技和产品持质疑态度,从完全不同的角度进行分析、思考和探索。事实上,事物都有正反两个维度。在了解事物的过程中,人们往往倾向于从明显的积极角度去思考问题。我们有意识地、目标明确地与传统的思考方式产生冲突时,通常可以获得非常出色的创新效果。在众多教学策略中,"深入浅出"的方法受到了广泛赞誉。然而,从逆反法的视角来看,许多高等教育课程内容可能并不完全适合"深入浅出"的方式,需要通过"浅入深出"的方法来实现吸引人的教学效果。

六、强化法

强化方法是众多创新手段中的一种,它建立在科学的分析和判断之上,被称为一种"包装技巧",也就是合理策划。强化法主要通过多种强化技术,对传统方法进行精炼、压缩或聚焦、放大,以实现显著的创新效果,并给人带来视觉上的震撼。在研究国家级教学名师的教学策略时,我们发现他们大多倾向于使用强制性的方法,将传统的教学手段进行概念化,或者根据分离法的原则将某一通用方法的部分元素进行分离和丰富。这种教学方式不只是创新的,也具有强大的效果。

七、合作法

在高等教育机构中,教育和教学活动被视为深度合作的典范。这样的观点长时间未被广泛接受,导致教育方法中的单边主义思想长时间存在并深入人心。为了推动高等教育机构在教学方法上的创新,其中一个可行的方向是从教学活动的根本性质开始着手。一些学者对"对话教学法"进行了分析,认为它基于师生之间的平等,并以学生的自主研究为其主要特点。基于这种分析,他们提出了"以教师为中心""以学生为中心""师生关系平等""突出问题焦点"等四种对话教学策略。实际上,是对话式的教学方法是合作创新的典范。

第二节 高校教育教学方法创新评价

在推动和加深高等教育教学模式的创新实践中,核心问题是如何进行有效的教学方法评估。教学方法评估的不足或不恰当,构成教学方法创新和实践成功的基础条件。构建与高等教育教学内容、目标群体和教学发展特性相匹配的教学方法评估机制,有助于推动教学方法的创新和实践活动。

教学方法创新评价的初始步骤是对教学方法的常规评估,通过这种常规评估来推动教师在教学方法上的创新,并进一步科学地指导教师进行教学方法的创新实践。教学方法的常规评估是对教师在各种教学活动中所采用的教学手段及其效果进行深入的分析和评估,并给出相应的建议。缺乏明确的评价标准或评价过程中的不确定性,导致我们只能依赖于"事后的印象"。因此,对教学方法的常规评价,无论是教师和学生,还是专业的教学指导和评价组织者,他们都持有不同的观点。

对教学方法进行常态评价的核心目标并不是选择一种或几种最佳教学方式,而是为了推动教学方法的多样性和实用性,让学生体验到积极健康的满足感,进而激发他们的学习热情,增强学习的积极性,并提升整体教学活动的质量和水平。所谓的"最优"教学策略实际上是不存在的,几乎所有高效的教学手段都是由组合性和适应性共同构成的。因此,常规评价的准则并不是基于组织的设计,而是一种常规情况下的灵活评价方式:它满足基本的教学方法要求,适用于各种教学内容和对象,使得教师和学生的感受基本一致。显然,因为教学方法最终是基于"感受"来评价的,所以"新奇性"的创新标准经常被教师误认为是"取宠术",而满堂取悦学生的奇闻轶事,这是在实施常态评价时应该引起关注的。与此同时,对教学方法的常规评估过程必须是不断变化的,不能简单地用一到两次的评估来替代某位教师在某一课程中的教学方式。

在常规的教学方法评估基础上,高校教育教学方法创新评价作为一种引导和规范教学方法创新活动的工具,其评价结果能够体现出教师在教学活动中所使用的教学方法的科学性、合理性和有效性。要对某一教学活动的教学方法进行创新评估或判断其是否具有创新性,最少需要遵循以下四个基本原则中的一个。

一、批判性原则

与传统的评价方式不同,评估一个教师的教学方法是否具有创新性时,首先要考虑的不是方法的稳健性和正确性,而是该方法中是否包含批判性元素。这包括该方法是否对教学内容的常识、现有结果等产生反向思维或质疑,以及它是否对学生的问题意识和探究心态有暗示作用。在评价准则的指导下,存在众多具体的教学方法,只要该方法都带有批判性特质,它们都可以被视为教学方法的创新。

二、挫折性原则

不管抽象的观点,还是具体的方法,只要具有"新"的本质属性,就会有不同程度的不被立即接受和认同的情况,人类社会在漫长的进化史中有一条共同的经验,那就是对"新"持有期望,同时保持警惕。当一种创新的教学方式被设计或融入特定的教学环境时,它不可避免地会面临各种风险,遭遇多种阻碍,甚至可能遭到反对,而让人欢欣鼓舞并顺利实施的新方法是非常少见的。当教师评估风险并决定是否实施时,这被视为内部的阻碍;而当他们面临风险时,所承担的风险则被视为外部的阻碍。不管内部的阻碍,还是外部的阻碍,它们都是每一个新策略所必须遭遇的困境。此外,这种教学方法在执行时也融入"挫折"元素。例如,项目教学法允许学生在实践新方法时,深入体验到探索和推导的难度和复杂性,并在遭遇挫折时寻找成功,从而更好地理解新方法的价值和带来的乐趣。这一策略也被认为培养大学生学术品质的其中一个高效手段。

三、丰富性原则

高效的教学策略并不是单一的,而是多种方法的综合应用。在评价一次教学活动或一名教师持续采用的教学方法是否具有创新性时,应深入考察该方法的应用丰富度。在人类漫长的教育和教学旅程中,诞生了众多的教学策略,而每一种策略都不存在优劣之分,真正的关键在于这些策略的目标、教学内容和教学环境是否与之相匹配。教学是一种遵循非线性规律的活动,每种教学方法都有其特定的产生原因,而人类很少出现相同原因的情况。只有在起源相似的条件下,一种方法才能发挥作用,更多的情况是各种方法的融合和混合。创新的教学策略应当具备丰富的特质,即使是在当前环境下,单一的策略也可能显得过于微观,难以解决传统教学中的难题。在对教学名师的教学方法进行总结时,我们发现除了他们的"品牌性"教学方法,还有许多其他丰富的教学方法贯穿教学活动。其中,一些方法是在教学方案设计之外的"非设计"教学方法,这些方法被教师在实际教学中应用,以满足特殊需求的教学过程。"非设计"教学方法是教学创新多样性的一种体现,能够准确地展示不同教师在运用教学方法方面的能力和水平。高水平的教师能够在教案设计方法之外自如地选择合适的教学方法。而对初任教职的教师来说,他们可能在教案中设计了多种教学方法,但也有可能在某些方法还未被应用时就结束了教学活动,或者使用一些超出教学安排的方法来满足学生的兴趣。

四、关联性原则

随着技术不断进步,高等教育的教学方法也经历了深远的变革。多途径实现教学目标已经成为现代高等教育教学方法创新的革命性特点。与传统的教学方式如讲授法和灌输法相比,现代技术带来的教学方法创新更加突出其技术优势,从简单的"粉笔加黑板"转变为幻灯片教学,进化到多媒体教学,再进化到网络课堂教学。这不仅有效地提升了教学效率,还为交互式教学提供了时空和技术支持,使得教师和学生的教学灵感能够被及时捕捉和储存。然而,这仅仅是教学方法创新中的一个方面,也就是方法和手段之间的联系。级联递增式的关联性在某种程度上否定了教学方法的技术成分,完全依赖现代教学技术来推动教学方法的创新也是不适当的,因为从人类的教学活动产生到现在,它从未是技术的奴隶。虽然现代的网络课堂和课程正在逐渐流行,这可能在某种程度上为全球各地的大学教育和教学方法带来了热议,但通过网络来推广"最佳"的教学方法仍然有很长的路要走,这更多地体现了学校的独特魅力和形象。因此,关联性创新的原则强调,教学方法在技术面前不能袖手旁观,也不能仅仅依赖技术。我们还需要回到教学活动的核心,即"教"与"学",来进行创新。人是社会生活中最具活力的部分,即使没有先进的技术设备,我们仍然可以进行教学方法的创新。例如,许多教师的成长经验或教学中的"点化法"已经证明是非常有效的,为社会培养了大量人才。

在评估教学方法及其创新性时,评价主体必须是多元的,任何单方面的结论都是不可靠的,特别是从教学管理的角度进行的教学方法及其创新性评价,更是违背了教学方法的基本要求。高等教育机构的教学方法创新是学术文化的一部分,而对这些教学方法的评估并不是高校教育的行政任务,而是学术管理的责任。在进行学术性评价时,评价主体应当是多元化和多层次的,只有这样,才能更接近教学方法及其创新性的核心要义。

在评估教学方法创新的过程中,首要考虑的是直接参与教学活动的教师和学生这两个核心参与者。另外,学生在这方面的状况是持续变化的,也就是说,某位教师为某一年级的学生教授的课程通常只有一次机会,当教师再次教授时,学生的情况已经彻底发生了变化。因此,教师在教学方法创新上的滞后,关键在于学生对特定课程的学习和对教师教学方法的"体验"是独一无二且不可复制的。尽管有一些建设性的建议,但真正评估这些建议是否得到采纳的,将是下一届的学生。因此,在对教师的教学方法进行创新评价时,我们必须明确中学生的定义,并确保他们是连续数个年级的学生。另外,对于那些具有高度通用性的公共课程和专业平台课程,应该将所有学生都纳入评价的主体范围内,但这对于许多专业课程来说并不适用。在评估教学方法创新的过程中,教学团队的成员也应被视为评价的主体。不论该团队是否有明确的组织结构,或者其规模和相互关联程度如何,通过这个团队,我们都能从"方法与内容的适应性"这一角度来准确地定义教师在教学方法使用和创新方面的状态。对于众多已经成立并运营的高等教育机构中的"教学视导"人员,他们是评估教学方法创新的关键参与者之一。然而,由于不同学科和专业之间存在显著的差异,这些人员只能采用与教学普遍规律相符的通用方法进行评估,而不能完全替代教学团队的评价方式。教学管理部门在教学方法创新评价中的参与是间接的,他们只能从程序设计、持续推进、结果反馈和分析等方面开始工作。

第三节　高校教育教学创新的思路

一、更新教学理念

刷新教育观念,并确立以实践为基础的教育和教学理念。实践指的是在高等教育中,将自然科学、人文、德育等多种理论知识融入教学内容,并通过实际的系统操作来加以吸收、固定、整合和提升。在教育实践中,我们需要将科学教育与人文教育融为一体,确保实践教育在人才培养的每一个阶段都得到体现,旨在培养学生的实际操作能力和创新思维,同时提高他们的人文和科学素养,以确保其与社会的实际需求完全一致。在高等教育机构的校园文化建设过程中,需要构建一种创新的激励机制,以激发学生积极参与创新和创业活动,并提供强有力的支持,全方位地推动实践教育的发展。

确立以学生为中心的教育观念。在教育和教学过程中,我们需要充分认识和尊重学生的主体性,充分激发和挖掘学生的潜能,全面培养和塑造学生的人格。我们需要将学生的个人愿望、社会对人才的需求和学校的积极引导有机地结合在一起,以确保学生在知识、能力、思想道德、身心健康等方面得到均衡全面发展,从而促进学生的全面成长和成才。这种教学观念需要在高等教育机构的各个教学环节中得到全面实施和体现。在教学方法上,我们需要对传统的、学生被动接受且没有选择余地的教学模式进行创新。我们应该实施灵活的教学计划,引入学分制和主辅修制,赋予学生一定的选择权和支配权,让他们能够自由支配自己的时间和空间,重点培养学生的创新能力和实践能力。在教学目标方面,我们应当"全心全意为学生服务,满足学生的所有需求,满足所有学生的需求"。在教学策略方面,我们应当强烈推崇"学生为中心、教师为引领"的交互式教学方式,并鼓励采用问题导向、案例分析、讨论、情境分析等多种教学方法。通过实施"启发性、互动性和探究性"的课堂教学实践,我们需要采取一系列有效措施,以促使教师从传统的知识传授方式转向更为现代和研究性的教学模式,同时引导学生从被动接受知识的学习方式转向更加注重研究的学习方式。

在具体执行教学组织时,我们应该采纳多种灵活的组织方式,并对当前过于固定的传统教学方法进行创新。这样可以更好地挖掘学生的独特性,激发和指导他们的潜能,使他们在探索和研究的过程中学会独立学习,从而将教学方法从单纯传授知识转向培养学生的认知能力和全面素质。我们需要改变目前以教师、课堂和书籍为核心的教学模式,鼓励师生之间的互动,开展深入的专题讨论,并倡导学生的独立探索和团队合作学习,同时培育他们的探索意识和批判性思考能力;我们高度重视教学方法的创新性以及对学生个体差异的指导,确保学生在与教师的日常互动中不断受到启发和影响;主要是让学生亲身参与实践,通过提供实际操作的平台和激励学生主动参与到科学研究和实践课程的创新中来,以增加教学的活力,并培养学生在获取新知识、问题分析和解决、交流和合作方面的能力。

制订平衡的大学教育资源分配策略。我们需要在重点大学与普通大学之间达到教育资源的平衡分配。在推进"985工程"和"211工程"的重点大学建设与发展的过程中,我们也应考虑到普通大学的需求,努力提高普通大学的办学环境和条件。鉴于当前各地区高等教育机构之间的教育差异日益扩大,我们需要制定针对性的区域高校教育策略,以寻找教育资源在各区域之间的均衡分配,从而增加区域高校教育发展的推动力。对高等教育机构的学科和专业布局进行科学和合理的规划,同时加强对教学内容和课程结构的创新。在合理规划课程结构时,高等教育机构的办学哲学、专业方向和课程设计,以及教学方法都应与社会的实际需求保持一致,以培育出与社会期望相匹配的专业人才。首先,在进行学科和专业建设的过程中,我们应根据"厚基础"的原则来构建培养本学科专业人才所需的基础知识、能力和素质体系。其次,在规划学科和专业布局的过程中,应遵循"宽口径"原则,以扩大学生的专业知识范围。我们需要将专业设置从对口性转向适应性,实施宽口径的专业教育,优化课程的整体结构,拓展专业课程的交叉培养,增加灵活的教学方法,提升教学质量和学生的综合素质,从而促进学生的科学和全面发展,为社会培养高素质的人才。再次,高等教育机构需要紧紧抓住其独特之处,进行合理定位,坚持差异化的原则,发展有优势的学科,避免单调的教学模式,合理分配教育资源,确保教育的公平性,并推动高校教育朝着科学的方向发展。根据学生的特点进行教学,确立以学生为中心的教育哲学。因材施教的理念是根据学生各自的独特性质来设计教育活动,并通过对这些差异的深入分析来制定出最适合他们需求的教学方案。教育公平的核心理念并不是确保每位学生都能接受相同的教育，而是确保他们都能接受到与其个性相匹配的教育，这便是教育公平中的"适合性"准则。我们必须深刻理解，学生是教育过程中的核心参与者，他们是独立发展的个体。每位学生都有其独特的性格和特点。在确定教学目标、模式、内容和方法时，我们都应坚守以学生为中心的教育哲学，尊重他们的中心地位，深挖他们的潜力，确保他们的个性得到全面展现，塑造他们完整的人格，推动他们全方位成长，并努力实现教育的公平性。

为确保高等教育机构的教学质量，我们需要构建全面的保障体系。高等教育机构的教学质量对人的整体成长有着直接的影响，并进一步关系到经济和社会的进步。为此，我们需要根据相关的政策和法规来构建高校的教育教学质量保障体系，规范化学科和专业的建设，避免重复的建设和教育资源的浪费。同时，我们需要建立独立且权威的教育教学质量评估机构，加强对高校教育教学质量的监管，完善评估政策，并充分利用社会的监督能力，对高校的教育教学质量进行持续监督。

简言之，追求高等教育的教学公平不仅是实现教育公平的关键，也是推动教育创新和发展的持续动力。为此，我们必须坚定地遵循科学发展的理念，进一步深化教育教学的创新，调整教育结构，持续提升教育教学的品质，确保人的全面成长，并最终实现教育公平的目标。

二、办学特色

(一)办学特色的内涵

教育部在《普通高等教育本科教学工作水平评估方案》中对办学特色进行了明确的定义和内涵解释。"特色"是指在长期的办学历程中逐渐形成的，具有本校独特优势，甚至优于其他学校的创新特色。这种特色在优化人才培养流程和提升教学质量方面具有显著的作用和效果。它具有一定的稳定性，在社会上得到了认可并产生了一定的影响。特色可以体现在多个方面，包括治学方略、办学观念、办学思路、科学先进的教学管理制度和运行机制、教育模式和人才特点、课程体系和教学方法,以及解决教改中的重点问题等。高等教育机构的办学特色是指一所大学在其长期的办学历程中所形成的,在某些学科领域已经得到社会广泛认可的,比其他学校更具创新性和可持续性的发展模式,这些特色包括稳定性、认同性、创新性、独特性和标志性。高等教育机构的办学特点主要涵盖学科特色、科研特色、人才培养特色和校园文化特色四个方面。

教育部在《关于进一步加强高等教育本科教学工作的若干意见》中明确指出,有必要培育数千万在德、智、体、美等方面均衡发展的高质量专业人士,以及大量的顶尖创新人才,从而在人才培养质量方面取得显著提升。办学的独特之处恰恰是高等教育质量的核心,也是学校追求卓越品牌的关键路径。高等教育机构应当以追求独特性和构建自身优势为核心目标,以推动整体办学质量的提升,进一步突出高校的独特办学特色,从而有效提升教育质量。

(二)办学特色的形成

首先,我们要在教育和教学上进行创新,以培养其独特的办学风格。每一所具有独特特色的高等教育机构都应该拥有自己独有的教育观念和教学方法。这些观念和方法在特定的时间和空间背景下,能够为高校的办学方向和理念提供指导,同时也满足时代和社会对教育和人才培养的需求。它们不仅符合教育思想和教学的创新标准,也符合教育创新和社会进步的普遍规律,有助于推动教育的发展方向、人的全面成长以及人才培养流程的优化。教育和教学的创新势必会引发教育观念的重大转变。先进的教育思想将推动先进办学思想的实际应用,这包括新的办学目标、办学模式的重新定位标准,以及如何实施这一标准的方法、途径和对该办学实践效果的综合评估。

其次,我们需要塑造学科的独特性并推动办学的独特性。构建学科特色是推动高等教育机构形成其独特办学风格的核心环节。学科建设不仅是高等教育机构培养人才、进行科学研究和为社会提供服务的关键环节,其建设和发展的水平也对高校在人才培养、科研、专业发展、师资队伍建设等方面的整体质量产生深远的影响。它为高校的独特办学风格提供了坚实的支持,并直接决定了学校的服务水平和办学质量的提升。在高等教育机构的办学特色中,学科特色被视为一个显著的标志,它是构建高校教育核心竞争能力的关键要素。学科特色可以理解为两个方面:其一,它指的是某一特定学科的独特性;其二,它指的是学科结构体系的独特性,即由多个具有特色的学科共同构成的学科特色。特色学科构成学科特色发展的根基,而学科结构体系的特色则是学科特色的进一步发展壮大。真正具有特色的学科是独一无二的,很难被其他学科所模仿或复制。高等教育机构在进行学科建设时,不应盲目追求规模"大"或"全"或"新",而应注重质量"精"或"尖",根据学校的实际情况来构建有优势的学科,并充分利用这些优势学科所带来的"品牌"效应,以形成独特的办学特色。田长霖教授,一位美籍华人科学家,曾经指出,在全球范围内,那些地位迅速上升的学校通常首先在一两个学科领域实现突破,而不是在多个领域同时达到世界顶尖水平。学校应当全心全意地支持顶尖的学科,确保先有后,将领先的学科发展为全球最优秀的,这样其他学科也会随之得到相应提升。因此,从一个特定的角度看,一个大学的学科强项,也即是其独特的办学风格和特点。

再次,我们要弘扬大学的核心精神,并确立独特的办学风格。南京大学的教授董健持有这样的观点:大学的"大"应该涵盖思想的自由和学术的自由;致力于培育和完善个体,持续加强其人格与道德品质;在不受政治干预的情况下,追寻学术的真谛,"大学精神"代表在大学中进行学术研究的心态和文化观点。大学精神是一种由大学所有成员在长期的办学实践中共同创造、传承和逐步发展的精神理念,它得到了大学所有成员的共同认同。这种精神理念反映了大学的历史文化传统和现状,是大学的精神信仰和意志品质的准确表达,是大学独特气质的精神表现和文明成就的体现,也是大学所有成员的精神支柱。大学精神可以被视为个体的道德品质,它代表大学最核心和高度抽象的价值追求和行为准则,它不仅决定了大学的行为模式和未来发展方向,更是大学生存和壮大的基础,也是大学精神和本质的核心所在。大学精神不仅是大学持久活力的根本来源,也是大学优秀传统文化的精华,更是大学在多年的教育实践中形成的最具代表性的精神标志。它反映了大学全体成员的心理模式和精神状况,全面展示了大学的整体特色、风格、水平、凝聚力、感召力和生命力,最终形成了大学独特的办学风格。高等教育机构的办学哲学和实际操作应当有助于大学精神的塑造和进一步发展,使其成为一种具有持久特色的教育方式。

三、推进师资队伍建设

我们要简化大学管理结构,减少行政开支,确保教师在大学中真正占据主导地位,同时加强教师队伍的建设。长远的百年规划,以教育为核心;在教育的大策略中,教师始终是核心。教师的价值体现在他们的职责中,那就是塑造人的灵魂、生命和人格。遇见优秀的教师对一个人来说是生命中的一大幸事,拥有优秀教师在一个学校中是学校的荣耀,而一个民族能够源源不断地培养出一批又一批优秀的教师,也是民族未来的希望所在。为了实现国家的繁荣、民族的复兴以及教育的持续发展,我们有必要大规模地培育和造就一批具有高尚师德、精湛业务能力、合理结构和充满活力的高素质专业教师团队,同时也需要培养和造就一批优秀的教育工作者。

在高等教育机构中,教师不仅是人才培养和知识传播的核心力量,更是教育和教学过程中的首要生产力。学校的办学哲学和方针都依赖于教师在教学活动中的实际表现。因此,高等教育机构需要根据其独特的办学特点,培养一批在知识储备、教学研究能力、创新精神和个人魅力方面都表现出色的高质量教师团队。将重点学科和特色学科的领军人物培养视为学科建设的首要任务,加强对这些学科领军人物的引进,加速高级创新人才的培养进程,强调特色训练,以形成明确的学科优势,推动学科的持续发展,进一步提高在职教师的专业素质,并提升高等教育教学的整体质量。

构建一支高质量的教师团队是提升教学品质的核心环节,也是实现高等教育机构人才培养目标的强有力保证。随着我国高等教育和教学创新的持续进步,我们已经初步建立了一个规模适中、学科体系完备且综合能力持续增强的大学教师团队。这支队伍在数量和专业上都取得了显著的增长和进步,但在其整体结构和综合素质上,仍然存在一些不平衡和不足,这对我国高等教育和教学创新的持续发展构成障碍。

(一)优化高校师资队伍结构

在高等教育机构中,教师队伍的构成主要涵盖教师的学历、职称、年龄等关键因素,这些因素能够直观地展示出教师队伍在质量、能力和学术水平方面的基础状况。在过去几年中,尽管我国已经陆续开展如"高层次创造性人才工程""高校青年教师奖""骨干教师资助计划""硕士课程进修"等多个高级资质队伍的建设项目,但是高校教师队伍的整体结构仍然存在一些不合理的因素。尽管目前大部分高等教育机构都提高了入学标准,大学教师不再向本科生开放,只有持有研究生或更高学历的人才有资格进入,但"近亲繁殖"的情况依然普遍存在,高学历人才的分布也明显存在不平衡。在高等教育机构中,教师的职称和年龄分布普遍显示出中青年学术核心教师和顶尖人才等高级人才的短缺问题。因此,我们需要加强对核心教师和杰出学科领军人物的吸引,并进一步加强高级领军人物的队伍建设。对于拥有高级职称的学科、学术领军人物和短缺的专业人才,我们应该提供相应的政策支持,并根据学科的发展目标,有针对性地吸引高级人才,以确保高等教育机构的教师队伍在职称结构上达到合理的比例;我们还需要采取有力的手段来吸引高学历的专业人士,并提升教师团队的教育水平。为了优化各学科专业教师的整体知识结构并促进高校教师队伍结构的和谐发展,我们需要加强对本校杰出人才的培训,并积极吸纳来自各个地区和高等教育机构的优秀人才。通过引进和培养相结合的方式,实现人才与资源的高效整合。

(二)提高高校教师综合素质

高等教育机构中的教师队伍建设被视为高等教育创新和发展的核

心,它对提升大学的教学品质有着直接的影响。随着高等教育的飞速进步,对大学教师在教育观念、知识体系、教学手段等方面的综合素质提出了更高的标准。这就要求教师不仅要能够熟练运用现代信息技术和教育工具,还需要具备教学和科研的创新能力、将理论与实践相结合的能力、将知识应用于社会的能力、优秀的社交能力等。为了塑造这样一批学术造诣深厚、综合能力出众的教师团队,我国高等教育机构在师资队伍建设方面面临着巨大的挑战和长远的道路。为了提升高等教育机构教师队伍的全面素质,师德建设应被优先考虑。师德建设构成教师队伍建设的根基,持续强化师德建设不仅是全面实施党的教育方针和政策的基础保障,也是培育具有德才兼备特质的高素质社会主义建设者和未来接班人的不可或缺的条件。在高等教育机构的教师队伍建设过程中,我们必须坚守"以人为本"的核心理念,并坚定地建立"师德兴则教育兴、教育兴则民族兴"的爱国主义教育观念。这要求教师持续更新他们的思维方式,运用现代的教育观念来充实和完善自己,以推动高校教师队伍的全面发展。目标是培养出一支具有高尚师德、敬业精神、严谨治学和强大的教学科研能力的高素质教师团队。

为了提升高等教育机构教师团队的整体素质,我们必须重视对教师教学能力的培育。教学不仅是人才培养的直接路径,也是高等教育机构的核心任务,其中教师是教学活动的主要执行者,而提升教师在教学和科研方面的能力则是提升其教学质量的关键途径。我们需要摒弃过去过于重视学历提升而忽略教育和教学能力培养的做法。我们不仅要关注教师的专业学术能力提升,还需要注重提高他们的教学水平。这要求教师深入理解和掌握教育教学的理论、方法和规律,以增强他们提升教育教学水平的积极性和自觉性。我们需要进一步加强教师对科研活动的关注,为他们创造更多的科研创新机会,从而提升高等教育机构教师的研究能力、学术造诣和职业素养。以"特色专业—精品课程"的建设和重点学科领军人物的招聘为核心,强化重点学科领军人物、学术领军人物和学术核心团队的建设,努力在某些学科领域培养出具有独特风格的人才,并专注于学术和教学大师的培训,以促进整体师资水平的提升。

总体来说,我们应该将高等教育机构的教师队伍视为一个统一的整体,并通过多样化的手段来加强其建设。这样做不仅能提升教师在专业理论、教育教学、科学研究和科学文化方面的能力,还能全方位地增强教师队伍在教育教学、团队合作、科研开发和社会服务方面的功能。我们的目标是让教师掌握前沿的教学和科研手段,培养他们崇尚科学和勇于创新的精神,持续为高等教育事业付出努力,并为高等教育机构培育一批具备高尚职业道德、强大的教学和科研能力并充满活力的高质量教师团队。推动高等教育机构的教学质量和水平不断提升,形成教师队伍建设的健康循环,进一步促进我国高等教育教学的创新,为高校教育创新的飞跃式发展奠定坚实基础。

四、创新课程体系及教学内容

(一)课程体系创新

我们需要对学科和专业的课程结构进行优化和调整,根据学生的特点进行教学,实施分级教学和分类培养。同时,我们应实施如主辅修、双学位、定向培养、中外合作办学等多元化的人才培养策略,这不仅可以满足不同基础学生的学习和发展需求,还能有效提高人才培养的整体质量。在课程架构方面,我们需要打破传统的单一课程模式,即分科课程、国家(或地方)课程和必修课程的全球统一,进行课程结构的重新调整和课程体系的优化。综合课程、必修课程和选修课程都应该有一定的比重,以"本科规格＋实践技能"为特点,重视学生的个体差异,坚持四个结合,即理论与实践、人文教育与专业课程教学、课内与课外、校内与校外相结合,构建一个适合学生发展的合理课程体系,最终培养学生的文化素质和创新素质,提高四个方面的技能——基本技能、通用技能、专业技能和综合技能。

在高等教育机构的基础课程中,我们致力于构建一个全面的基础教育体系,确保每一个学科和专业都能接受国防、人文、自然科学基础、德育实践等基本知识的培训。我们需要建立一个全面的实践体系,并为公众提供各种实践机会,这包括但不限于专业实验、实习、设计、毕业论文设计、道德教育实践、科技与文化实践、创新实践等。我们还需要建立一个学生实践能力的评估体系,以对学生的整体实践技能进行评估。对"创新课程"进行深入研究,以改变其理论基础。创新课程的理论基础已经从心理学拓展到了社会学、经济学、文化学、生态学等更具包容性的学科领域。创新不只是首次的创新,还涵盖对他人成果的新的理解、整合和应用设计。创新课程的核心理念不是单纯地以学科的形式向学生传授创新的知识、方法或策略,也不是以学生掌握学科知识为核心,而是采用综合实践的方法,为学生提供一系列相对独立、有计划的学习机会,包括研究性学习、设计性学习、体验性学习、实践性学习、反思性学习和生活性学习。我们鼓励学生从他们所处的实际社会环境中独立选择研究主题,并通过对开放、社会、综合和实践问题的深入探讨,塑造他们独特的学习方法,从而培养他们的创新思维、探索技巧、开放的思考方式、社会实践技能和对社会的责任感。创新课程不仅仅是一门独立的综合实践课程,它还代表一种创新的教学理念。在课程的开发和实施过程中,除了独立的综合实践课程,所有原有的课程科目都需要在实际操作中加入一些必要的干扰元素。通过增加课程内容的复杂性和模糊性,我们可以提高课程的难度,从而更好地培养学生的探究能力。

(二)教学内容创新

在培养复合型人才时,我们要坚持"深厚的基础、广泛的专业知识、出色的能力和高质量"的原则,并对教学内容和课程结构进行重新的规划与设计。与过去仅在专业学科内设置专业课、专业基础课和基础课的"三级"课程结构不同,我们要构建包括专业必修、专业选修、学科必修、公共必修和公共选修在内的五大课程体系。我们要对教学内容和课程体系进行重新规划和设计,按照学科专业的普遍大类平行设计学科专业类课程、新公共基础课程、文化素质教育课程、实践性教学课程等更大的教学内容体系,增加选修课,减少必修课,并对公共课进行分级分类教学。

厚基础意味着让学生能够熟练掌握各个学科专业的基础理论、基础知识和基本技能,并能够将这些知识扎实地应用到实践中,确保学生的知识基础,加强学生的基础知识体系,打造高质量的课程。为了进一步强化学生在基础理论、基础知识、基本技能和基本方法方面的学习和实践,我们将致力于优秀主干课程和基地品牌课程的建设。特别是将重点发展基础扎实、适应范围广泛的学科专业基础课、主干课和专业课,以确保它们达到国家精品课程建设的标准。在构建课程体系的过程中,我们需要持续地对课程结构进行优化,扩大专业课程的交叉培训范围,提升学生的知识水平,强化大学生的文化素养教育,引入更为灵活的教学方法,并对传统的教学模式进行改革。在"公共必修"课程的基础上,我们可以引入"学科必修"课程,根据不同的类别构建课程平台,强调文学与理科的交融,并在课程结构中加入跨学科的课程,以增强专业之间的相互渗透,为学生提供一个广泛的学科发展平台。为了更好地培养大学生的综合素质,我们需要优化学生的知识体系,使他们能够根据自己的专业特长、个人兴趣和未来发展方向进行自由选择,从而进一步拓展他们的专业视野。"强能力,重质量"的教学理念是从培养学生的全面发展和提高其综合素质的角度出发,采用分析、模拟和影视教学等多种教学方法进行实践教学。这包括加强课堂内外的实践教学环节,并通过组织社会实践、社团活动、专业实习等多种实践活动来培养学生的务实和操作能力。我们高度重视学生的个性发展,深入挖掘他们的内在潜力,强调培养学生从基础到个体的问题解决技巧,特别是"从个体到整体"的问题调查和分析能力,助力学生形成基于可行性的分析思维,确保培养出的学生不仅能力出众,而且质量上乘。

(三)注重实践教学

目前,我国高等教育机构在教育和教学方面的资金投入不足,管理环节不健全,教学创新需要进一步加强,这些都是当前高校教学工作面临的核心问题。自 1999 年以来,随着高等教育机构的扩张,大学规模也随之增大,但大学生人数的急速增长带来的不良后果也开始逐渐浮现。传统的教育思维和观念依然占据主导地位,导致教学模式、教学内容和教学方法与学生的实际成才需求存在脱节。特别是缺乏与之相匹配的实践教育,这使得人才培养与社会经济发展的实际需求脱节。因此,培养出的学生由于缺乏实践能力,无法满足创新型国家建设和经济全球化发展的需求。面对我国高等教育教学创新中出现的问题,教育部和财政部共同发布《关于实施高等教育本科教学质量与教学创新工程的意见》,启动教育教学质量工程,并由中央财政大力支持该"质量工程"的建设。教育部还发布《关于进一步深化本科教学创新全面提高教学质量的若干意见》,强调实践环节的重要性,并建议扩大大学生的校外实习和实践途径。同时,与社会各界、各行业和各种企事业单位合作,共同建立实习和实践教学基地,旨在全面提升大学生的实践技能。我们要为学生提供实践性的教育,并从多个角度实施各种高效策略,确保学生在专业实践和毕业实习中的时间与质量都得到保障,同时将教育和社会实践紧密融合。

为了实施实践教学,学校需要探索各种可能的方法,为学生提供实践的机会,并建立一系列稳固的学生实习和实践基地。此外,学校还应鼓励学生参与社会实践、研究、实习等活动,逐渐培育他们的敬业精神、坚韧不拔的意志和艰苦奋斗的态度,并有策略、有目标地鼓励他们自觉地提高职业道德修养。我们正在逐渐加强大学生的实践和创新能力,大力支持他们的创新和创业活动,并致力于挖掘和培育大学生的创新品质。创新素质主要涵盖创新意识、创新精神和创新能力这三个方面的内容。在构建以创新为核心的国家的过程中,这种创新能力正在逐步转变为大学生在就业市场中的关键竞争优势。

五、教学模式和方法创新

(一)教学模式创新

培养人才是一项涉及多方面的复杂任务,我们必须持续地研究其背后的逻辑和规律,对传统的、不太合适的教学方法进行创新,对教学进行深入细致的研究,并深入探讨其背后的各种因素,如教学观念、内容、方法、模式等,从而更好地理解和掌握教学的内在规律。我们要引入"教学民主"的教育理念,对传统的教学方法进行革新,引入研究性教学、开放性教学、互动性教学等能够体现"教学民主"精神的经典教学模式,充分强调学生的主体性,激发学生的主动参与意识,挖掘学生的学习潜力,营造民主和谐的学习氛围,让学生学会学习。在教育过程中,我们需要构建一个和谐的师生互动环境,最大限度地激发学生的学习热情和主动性,确保他们的全面和谐发展。

倡导研究型的教学方法,以培育学生的创新思维。随着教学模式从单纯的知识传授转向更多地关注能力的培养,教学方法和方式的创新变得尤为重要。推动研究性教学不仅是深化教学创新的关键途径,也构成研究型大学在人才培养方面的一个基础特质。研究性教学模式是一种将教师个人的研究观点、教学方法和最新研究成果融入教学活动的教育方式。通过实施研究性教学方法,我们可以确保教学是基于科研的,并且科研活动能够推动教学质量提升。教学与科研是开放的,引导学生在参与教学的过程中走在科研前沿,激发他们主动思考、探索和实践的创新意识。研究性学习是一种情感驱动的学习方式,鼓励学生主动地投身于探索性学习,获得真实体验,养成敢于尝试、积极求知的习惯,并进一步激发他们对探索和创新的热情。研究性学习是一个不断探索的旅程,它在一个较为开放的背景下寻找并讨论问题的答案。通过这一系列的教学过程,我们不仅能够培养学生的思考技巧,还能增强他们发现和解决问题的能力。这也有助于学生掌握科学的学习方法,提高他们在资料收集、分析和总结的能力,并教会他们如何利用各种有效的手段和途径来获取信息,从而起到积极的推动作用。研究性学习是一个充满互动的学习过程。在这个过程中,学生与团体、学生与学生之间的沟通和合作是不可或缺的。研究性学习为学生创造极佳的人际交流和合作环境,同时为他们提供优秀的平台,用于分享研究资料、学习信息、创新思维和研究成果。研究性学习不仅是一种实践活动,它要求学生站在实际的角度,坚持实事求是的原则,尊崇他人的研究成果,并在学术上持严谨态度,始终保持积极进取精神。研究性学习不仅是一个培养学生全面素质的过程,还通过实际的学习和实践加深学生对科学及其对自然和社会的积极影响和价值的理解。这使学生能够思考关于国家、社会、人类与世界共同进步和和谐发展的宏大议题,并在培养学生的创新和实践能力的同时,帮助他们形成积极的人生观和价值观。此外,研究性的学习方式为学生搭建综合应用不同学科知识的平台,这不仅加深学生对已学内容的记忆,还使他们的知识更加贴近日常生活。

实施开放式的教学方法,旨在培育学生的主动参与精神和独立创新能力。开放性教学方法旨在激励学生积极主动地探索知识的内在规律,并对传统教学模式中可能妨碍学生全面发展的不合适因素进行修正,以便更有效地培养学生的自主和创新学习能力。开放性教学的核心思想是以学生的全面发展为中心,通过对教学目标、教学方法、教学内容和整个教学流程的全面开放,从传统的封闭课堂教学模式转向更为开放的教学模式。这样做是为了充分激发学生的主观能动性,使他们能够主动掌握学习的主导权,并自主地探索和发现,从而培养他们的创新能力。在实施开放性教学模式时,教师不应仅仅局限于教材和教案的内容,而应为学生创造充足的发展空间。教师应创造有利于学生自主成长的开放教学环境,并根据学生的具体发展状况,不断调整教学流程的各个环节,以激发学生的学习积极性,并促使学生在一个积极主动的探索过程中实现健康、全面和和谐的成长。开放性教学不仅仅局限于教学方法和模式,它更是一种教育观念,其核心目标是充分激发学生的创新潜力,以达到最佳的教学效果。

通过引入互动性教学方法,我们可以有效提升教学质量。互动性教学模式是一种在教学活动中最大限度地激发教师和学生双方的主观能动性,通过教师和学生之间的相互沟通和讨论,以促进他们共同成长,最终提升教学成效和达成教学目标的教育方式。交互性教学方式不仅能为课堂注入活力,还能迅速地为学生提供关于学习进度和知识掌握模式的反馈信息。互动式教学涵盖教与学、教学观念、心理状态、形象与情感等多个方面的互动。互动性教学被视为一种充满活力的创新教学方法,它融合现代、互动和启示的元素。这种教学方式要求教师根据教学计划有组织、有目的地组织学生学习,并根据学生的发展需求因材施教。这种方法鼓励教师不断探索和学习,以提高他们的专业能力和教学水平,同时也能激发学生的学习积极性,促进他们个性的发展,从而提高教学效果和效率,最终实现教学质量的提升。互动式教学模式以学生为中心,教师为引领,鼓励教师与学生之间的平等交流和沟通。这种方式能让学生在无压力的环境中轻松地进行学习,并让他们参与到教学计划和决策中,有助于培养他们自主学习、主动学习和创新学习的能力。

(二)教学方法创新

在推进高等教育教学创新的过程中,我们必须重视更新教育的思维方式和理念,确保其与经济社会的发展需求相匹配,并积极吸纳国内外教育领域专家的宝贵理论和实践经验,始终坚守将理论与实践相结合的原则。教育工作者需要确立宏观的教学理念,大力发展实践导向的教学方法,平衡知识传授与技能培训的关系,确保练习、实习、观察、调研等所有环节纳入教学内容,让学生在实际操作中掌握知识,培养他们解决问题的实际能力。

启发式教学法是一种根据教育目标、教学内容、学生的学习进度、知识规律和当前的知识水平,采用多种教学方法,通过启发和诱导的方式,对学生进行知识的传授和能力的培养,促进学生的主动学习。启发式教学法是一种以教师为引导、学生为中心的教学方法。它可以激发学生的学习积极性和主动性,激发他们的求知欲和探索欲望,促使学生动脑,积极思考,大胆质疑,主动实践。在教师的引导下,学生可以带着问题进行学习研究,找出解决问题的方法,从而达到掌握知识的目的。启发式的教学方法不仅仅局限于基础的教学手段,它更深层次地代表了一种独特的教学哲学。为了更好地激发学生的求知欲望,增强他们的学习热情和探索欲望,培养他们的创新思维,教师需要遵循大学生的认知心理规律,充分考虑他们的思维特点。教师可以采用启发式和研究式的教学方法来训练学生的思维,从感知和直观开始,不断引出问题,创造背景,紧紧抓住学生思维的火花,循序渐进,启发并改进学生的思维方式和学习方法。这样可以让学生在不断的探索和研究过程中学习,增加知识,训练思维,从被动学习转变为主动学习,最大限度地开发学生的学习潜力。

实践式教学法是一种在实践基地中通过边讲边练的方式来教授理论课程的教学方法,它通过将理论知识与实际操作相结合,以促进教师和学生共同完成教学任务。在教学活动中,我们需要特别重视培养学生的学习能力和知识获取与应用能力。教师的教学和辅导应与学生的自主学习相结合,同时将科学研究融入教学流程,以培养学生的研究能力和创新思维;鼓励学生主动参与社会实践活动,开展社会调研和研究,并在这些实践中积累知识;鼓舞学生进行各种形式的探索和创新。在教学过程中,教师应注重知识的高效整合和结构化,确保学生能够深入理解和掌握学科的核心知识、结构和方法。同时,应利用现代科技不断优化教学工具,提高教学效果,改进考核方式和评价机制,激发教师的教学热情和创新精神,鼓励学生积极主动地投入学习。在制定教学计划的过程中,教师作为学生学习活动的组织者和协调者,需要精心设计教学情境,根据预先设定的学习任务来规划教学内容,并设计一些源自实践活动的综合性学习任务。接着,教师应引导学生独立设定学习目标,使他们从一开始就能参与到教学过程中,制定并逐步执行学习计划,并对整个教学过程进行评估,从而形成一种实践与学习相结合的教学模式。在实践教学的全过程中,教师有多种教学方法可供选择,包括讨论式教学法、案例教学、项目教学等,这些方法不仅能激发学生的学习兴趣,还能培养他们独立思考和解决实际问题的能力,也有助于培养他们的科学精神、创新意识和独立人格。

在高等教育创新中,传递知识、培育能力和提升素质是紧密相连的。这也是高等教育创新的终极目标。因此,我们需要通过创新的教学方法,确保这三个方面在高等教育教学中得到有机实施。我们需要确立一种新的高等教育教学观念:教师充分发挥其指导功能的同时,也要投入大量时间和精力进行科学研究。这样,学生可以自由独立地学习、思考和探索他们需要掌握的各种知识(包括理论和实践),实现教与学的相互促进和联系,从而共同推动教学效果和质量的提升。

综合来看,在高等教育的教学创新过程中,我们必须根据学生的具体需求并结合上述教学策略,真正提升学生的全面素质,进一步激发他们的学习热情,培育出既具备深厚理论知识又拥有出色实践技能的实用型人才,为社会提供更好服务。我们必须采纳现代的教育和教学方法,始终坚持学生为中心的原则,推动大学的教学模式、内容和方法的创新,这样才能更好地满足高等教育的发展需求。

六、重视大学生文化素质教育

大学生的文化素质教育不仅是培养高质量大学人才的关键环节,也是我国高等教育教学创新的核心部分。我们应该确保文化素质教育在大学教育的每一个环节中都得到体现,从而达到整体教育的最优效果,最终实现教书育人的终极目标。大学生所需的基础品质涵盖文化修养(包括思想和道德品质)、职业技能和身心健康,而其中文化修养被视为最根本的部分。文化代表人类创造的物质和精神,是人们行为的物质化和物质化表现,是人类思想的具体表现,也是超出个体认知的物质或思想形态。某种文化一旦被塑造出来,就不再受时间、地点或个体的束缚,并会被广大人群接受和利用。文化素质可以理解为人们所掌握的所有文化知识在其内部的沉淀和积累。文化修养在塑造人们的人生观和价值观方面起到根本性影响,并最终转化为行为准则的导向。同理,人们目前的生活哲学和价值取向也会对其文化修养产生影响。强化大学生的综合素质教育,主要集中在文化素养教育以及创新思维和实践技能的培育上。文化素质教育主要聚焦于人文教育,核心是通过加强对大学生在文学、历史、哲学、艺术等多个人文社会科学和自然科学领域的教育,旨在提升全体大学生在文化修养、审美品味、人文修养和科学素养方面的综合素质。

(一)提高大学生文化素质教育的目的和意义

在我国的发展进程中,教育无疑是极为关键的。在社会发展和变革的过程中,我们需要的主体是具有知识、文化和创新能力的人。因此,发展的核心实际上是人的全面发展。大学教育的核心目标是培养具备知识、文化和创新能力的人才,这种教育方式可以催生新的科学知识和生产力。高等教育机构培养的各种专业和不同层次的文化素质人才在社会生活的各个方面的作用,直接或间接地影响全社会的可持续发展。因此,可持续发展的教育观念应该从全社会可持续发展的角度来审视教育的创新和发展。在我国的高等教育体系中,无论办学模式、资金投入方式、管理架构、教学方法、招生与就业策略,还是考试制度,都经历了多维度革新,逐渐形成可持续发展的新模式。这条道路的确充满挑战,创新过程中遇到许多问题,其中提升大学生的文化素养教育显得尤为关键。

(二)观念变化对大学生文化素质的影响

我们生活时代正经历着剧烈的社会变革,人们的生活习惯和方式也经历着翻天覆地的变化。这种变化对社会的运作机制产生深远广泛的影响,也导致道德的权威性和制约性受到显著挑战,有时甚至出现了某种程度的削弱。价值观构成人们对人和事物的评估准则、原则和方法的整体观念。它主要体现在信仰、信念、理想、追求等方面。特定的价值观揭示特定生产关系背景下人们的利益需求,并决定人们的思维方向和行为决策。在当今经济逐渐走向全球化的背景下,经济飞速增长和物质资源极大丰富也对大学校园产生了影响。大学生作为社会中最易受影响的群体之一,他们的价值观经历多次变迁。目前,经济增长、文化潮流、教育创新、媒体导向等因素是主导大学生价值观转变的核心驱动力。

文化观反映了人们对文化的看法和态度。我们需要建立正确的文化观念,因为经济快速增长在短时间内极大刺激人们的物质需求,而当物质需求得到一定程度的满足时,精神需求方面的问题就会变得明显。中华民族拥有深厚的历史传统文化,而其中最能展现中华民族卓越传统文化特质的,无疑是深厚的道德理念。我国的传统文化深受道德观念的影响,古代思想家在他们的思想和理论中都融入道德考量。传统思想文化的显著特质和优势之一便是深厚的道德内涵。然而,部分现代大学生对传统的道德和精神文化缺乏深入理解,反而将其视为一种陈旧败坏的文化观念。然而,对我国传统文化进行深入研究,对促进社会主义文化繁荣,是至关重要的。我国传统文化源于历史,既有其精华也有其糟粕,我们在面对传统文化时,应该持有历史分析的观点,而不是完全否定它。

任何一个民族的文化都应该持续发展,要有勇气并擅长学习吸纳外部的优秀文化,对其他文化持有开放包容的态度。我们在继承和弘扬我国传统文化的精华的同时,吸纳西方文化中的合理元素,有助于我们建立新的文化观念,对我国现代文化的建设是有益的。

(三)提高大学生文化素质的途径

为了提升大学生的文化素质教育,我们必须确保文化素质教育在整个大学教育过程中都得到体现。我们期望培养出的大学生不仅要有人文科学和自然科学的基础素质,还要具备强大的综合能力,例如观察、分析、研究思考、语言和文字表达、决策、组织和处理复杂关系的能力,以及运用计算机和现代信息技术进行学习、工作和生活的能力。这样,我们才能实现教育过程的全面优化,从而更好地实现教书育人的目标。

为了提升大学生的文化素养教育,高等教育机构必须更新其教育理念,进一步强化教育和教学的创新,构建科学合理的课程结构,并在教学内容与方法上进行创新。首先,我们需要改变传统的教育思维并刷新我们的教育理念。我国的高等教育机构在继承和维持科学、严格和系统化的优良传统方面做得很好,但仍然存在过分重视理论而忽视应用,过分强调传授知识而忽视能力培养和缺乏全面素质培养的问题,特别是在培养学生的创新能力和个性发展方面。因此,我们需要更新我们的教育观念和思维方式。在教育实践中,我们应当重视培养学生的创新才能,挖掘他们的内在潜能,确保学生在学习过程中能够体验到创新的快乐,并积极向前,努力将他们塑造成全方位发展的个体。我们需要建立一个科学的课程结构,对教学内容和课程体系进行创新,确保课堂教学起到核心的指导作用。文化素质的提升不能仅仅依赖于个体在现实生活中的感悟和体验,而应该通过精心的设计和安排,以科学和系统的课程体系为基础,发挥课堂教学的主导作用,以实现大学生文化素质教育的目标。总体而言,为了全方位提升大学生在科学和人文方面的素养,在具体的教学活动中应当注重人文与科学之间的自然交融和相互影响。这需要构建涵盖文学、历史、哲学、自然科学等学科领域的综合性高等教育课程体系,以便为大学生在科学和人文方面的全面发展提供丰厚的文化基础。强调课程结构的科学合理性,目的是让大学生在完成各类必修和选修课程后,能够构建出合适的知识体系和坚实的知识基础。

为了提升大学生的文化素养教育,高等教育机构有必要提升教师团队的整体素质,确保教师在科学和人文方面都能得到全面的提升。教育工作者是社会主义核心价值观的推广者和教导者。"身教重于言教。"教育工作者应该秉持严格自律、身体力行、以身作则的良好作风,自觉自愿地做到诚信、肯学、肯干,带头实践我们提倡的道德标准、价值观和理论要求,真正发挥教育和带动广大学生的领导作用。

为了加强大学生的文化素质教育,我们必须创新人才培养模式,将知识、能力和素质三者有机地结合在一起,贯穿大学教育的整个过程,使大学生在这三个方面得到和谐同步提升,从而培养出高素质、全面发展的人才。为了培育大学生具备出色的文化修养,我们不仅要向他们灌输文化知识,更要教授他们获取知识的策略和技巧。在传授知识的过程中,应确保他们的能力得到最大化展现,个人品质也得到全面提升。此外,全社会积极参与和媒体正面舆论引导也是至关重要的。只有这样,才能培养出全面发展的大学生,使他们成为对社会和人类都有益的有价值的新型知识人才,进一步推动教育创新,为整个社会持续发展做出贡献。

第四节　高校教育教学创新的策略

一、树立终身教育的教学理念

终身教育和终身学习的理念自近代以来已成为全球教育界和思想界

的热门研究话题之一。构建终身教育体系和创建学习型社会逐步成为联合国和世界各国在教育改革和社会发展方面的基本指导思想。主张终身教育的学者相信,教育和学习是"无时无刻不在,无处不在"的存在。传统的教育模式常常把一个人的生命周期分为三个不同的阶段,分别是学习阶段、工作阶段和退休阶段。终身教育打破传统教育的框架,主张教育应涵盖人的各个发展阶段和各种教育活动。这不仅包括一个人从胎教开始到死亡结束的纵向教育,还包括从学校、家庭、社会等领域接受横向教育。我们需要构建并进一步完善终身学习的体制。《面向 21 世纪教育振兴行动计划》进一步阐述了终身学习将成为社会生产力增长和社会进步的普遍需求,并已基本构建了终身学习的体系。显然,终身教育和终身学习已经转变为我们的教育目标和社会愿景,构建和优化终身教育的体制已经变成我们不可推卸的责任。因此,我们需要确立终身学习的教育观念,将不同的教育方式融合在一起,进行合理分配,并对高等教育的教学方法进行创新。高等教育机构应当承担起推进终身学习的责任,根据社会进步和职业需求,确保高等教育、岗位培训、知识刷新和持续教育的质量,以满足社会和经济对各类人才的期望。

高等教育机构应当更加强调开放性办学的核心理念。许多发达国家已经将高等教育从精英教育模式转变为大众教育模式,甚至达到普及教育的程度。我国也致力于积极推动远程教育和网络大学的发展,实施"宽进严出"的教育政策,以确保每个人都能接受到达到大学本科或专科水平的高等教育。由于远程教育和网络大学不受时间和地点的束缚,它们更能满足各种在职人员的学习需求。因此,它们部分替代传统的函授、夜大学、自学考试等多种教育方式,逐渐成为 21 世纪高等教育发展的新焦点。从另一个角度来看,我们应该充分发挥高校学员作为社会主义经济建设接班人的独特优势,与企业和社会建立更加紧密的合作关系,将学校打造成一个集教学、科研和经济建设于一体的联合体。这样不仅可以提高高校教育在市场经济环境下的办学效益和"造血"功能,还能在高校自身的发展和壮大过程中,进一步增强其为社会提供服务的能力。我们需要积极推动高等教育的国际交流和合作,使我国的高等教育体系成为面向全球、包容多元、广纳百家之长的开放教育体系。

二、拓展德育教学的教学模式

从职业成长的理论角度看,高等教育机构在道德教育方面的不足,可能会对职业生涯中的个体在职业精神和职业道德方面的培养产生负面影响。然而,高等教育对象具有其独特性,这使得学生的德育教学变得异常困难和复杂。传统的德育教学方法往往难以达到预期效果,这也使得高校德育教学成为教育体系的薄弱环节。

创新以职业发展理论为基础的高等教育教学模式时,我们应该积极拓宽德育教学这一关键组成部分在高等教育体系中的应用。

(一)拓展德育教学的内容结构

现代德育建立在社会和人的现代化之上,其核心目标是推动人的现代化进程,从而进一步促进整个社会的德育现代化。在现代社会中,德育的实践必须体现出人们在德性发展上的内在需求。这体现了现代社会进步的需求。因此,在高等教育机构的德育内容构建方面,应更加注重广泛性和实用性。职业道德不仅是评估一个职业人员道德品质的关键指标,而且深刻影响和决定人们对劳动的看法,已经成为决定劳动者整体素质的核心,并在高等教育中占据中心位置。在实际的社会环境中,大众对国家的政策和法规的了解还不够深入,有时甚至表现出无知或忽视的态度,这导致了行为上的失误。在市场经济的背景下,我们更应该强调法治的重要性,利用这些政策和法规来维护社会的秩序和合法权益,已经变成高等教育德育课程的核心内容。随着科技、经济和社会的进步,人们的生活习惯和价值观,包括道德观点和道德标准,都在不断地变化。因此,一些现有的道德观念和规范可能会变得过时,这迫使我们必须提出新的道德标准和规范。例如,科学道德、信息道德、经济道德、网络道德、生态道德等领域,迫切需要明确的规范和道德创新。

(二)拓展德育教学的教学形式

为了进一步丰富德育的教学方式,我们必须最大化地利用已有教学资源和条件,并选择教学过程中已经形成的方法和模式来进行教学的拓展和延伸。此外,我们应该最大化地利用课堂教学资源,以实现德育的全面实施。在学生的学习过程中,课堂教学占据主导地位。在执行课堂德育教学的过程中,应根据高等教育机构的学习特性,在教学计划和教学内容方面设定特别的标准。教育内容也应根据市场经济环境的变化,适时调整德育教学目标。同时,我们要激发学员的主观能动性,加强课堂上师生之间的双向互动,营造轻松活跃的德育环境,确保对学员进行有效的德育教育。例如,邀请著名的专家做专题报告,以加强对学生在人生观、职业道德、现代教育和传统文化教育方面的培养。总的来说,在课堂内外,德育的目标和焦点应该集中在培养学生的健康人格上,只有当学生认识到道德建设是人格培养中不可或缺的部分时,他们才会愿意从内心接受教育。

通过运用多媒体教学手段,可以有效地提升德育教学的成效。传统的教学方法已经不能满足高等教育机构在德育方面的教学需求。在进行德育教学时,我们应该通过生动有趣的案例来打动学生的心。通过让学生独立地进行情感评估,我们可以塑造道德典范,激发他们对道德行为的深厚敬意。我们要充分利用现代教育技术,并整合信息技术与学科资源。例如,通过充分运用电影、电视和教学录像这些信息化、电子化和智能化的多媒体教学工具,并借助多样化、内涵丰富的教学方式,如声音、光线、图像等,以增强学员的学习兴趣,深化他们的认识,从而达到事半功倍的教学效果。此外,我们可以通过函授和远程教学来充分利用网络教学的优势,扩大德育教学的空间,克服高等教育教学的时空限制,整合课堂教学和多媒体教学的优势,充分发挥网络资源在教育教学中的作用。通过网络进行在线教学,能够把专家和学者的精彩专题报告和德育教学视频制作成教学辅导光盘,并在教学辅导网站和条件允许的教学点进行播放。这种富有活力、适应性和便利性的德育教学方式突破了高等教育的时空限制,充分利用了网络的便捷性、高效性、广泛的覆盖范围和广泛的影响范围,极大地拓宽了德育教学的空间,为广大学生提供了全天候德育教学服务。

(三)拓展德育教学的评价体系

鉴于高等教育的独特性质,大学生的道德教育评估与其他常规评估有所不同,展现出其独有的特点。因此,所有被纳入教学大纲的项目,都可以通过知识考核的方式来进行评估和考核;为了评估学员的思维方式和观点,我们可以在日常管理活动中通过操行鉴定来进行考核和评价;学员的行为评估主要是由学员所在的工作单位提供考核鉴定,并进行持续的问卷调查。此外,为了更好地激发广大高校学生的学习热情,鼓励他们在思维和学术上都展现出积极的态度,我们可以考虑实施评优奖励机制,给予他们精神和物质上的鼓励。对表现不佳的学生实施批评和教育。经过长时间研究和多年高等教育实践,我们制定一套评价准则和标准,旨在构建以职业成长为核心的高等教育德育教学的全面评估体系。

(四)拓展德育教学的管理网络

在高等教育中,德育教学被视为一项综合性任务,只有当所有的大学和学生的家庭都积极参与时,我们才能有效地进行组织和管理。学校依据国家相关法律和规定,结合高等教育的独特性,精心设计德育教学方案,并制定科学、规范和实用的评价和考核标准。学员所居住的社区以及他们所在的单位,都肩负着日常的监督和检查职责,同时也负责日常的思想政治教育工作。学员所在的班级主要负责对学员的日常行为和思维方式进行评估和建议。只有通过三个关键环节的紧密合作,我们才能构建一个高效的高校德育教学组织管理体系。

三、确立多元化的教学模式

为了创新以职业发展理论为基础的高等教育教学模式,我们需要根据大学生的职业发展需求来设计多样化的教学模式,并构建一种能够超越时间和空间限制的灵活学习机制。为了建立一个多样化的大学教育和教学模式,我们必须强调大学的独特性,并以大学的日常生活、需求和问题为核心,同时重视能力的培养和多种教学方法的综合应用。新的教育方法应该更加注重培养学生的思考和实践能力,而不仅仅是掌握基本的知识,强调具备创新性地解决问题的技能,着重于培养学生在面对职业生涯快速变化和多元价值观时需具备的包容性和理解力。

在制定课程建设的目标时,我们应该更加重视培养学生的综合能力和基于个人自由发展的创新能力,这样可以有效地解决由于"知识本位"课程设置与全球知识经济发展背道而驰导致的知识与能力不匹配的问题。在教育体系的建设过程中,融入科学和人文的理念,旨在培养和熏陶学员的性格,并助力他们平稳地步入职业生涯。根据教学目标的具体分类,我们可以将多种教学方式划分为以学员为中心的教学模式、以学员为职业生涯的教学模式,以及以学员为远程教育学生的教学模式。第一种以学员为中心的教学方式,主要的教学目标是:系统性地掌握各种知识、技巧和方法,从而全方位地提升学生的综合素质;该课程的教学内容包括基础理论、专业理论和专业技能,采用的教学策略和工具包括以课堂为主的教学方法、以试验实践为主的教学方法和以网络为辅助的教学方法。对于学员在业余时间学习的教学方式,主要的教学目标是:系统地掌握核心知识,并具备专业岗位所需的知识结构和应用能力。该课程的教学内容包括基础理论、专业理论和理论应用,采用的教学策略和工具包括课堂教学方法和网络教学方法。对函授生作为学员的教学方式,主要教学目标是:掌握关键的理论知识,并具备进一步提升的基本能力,同时也要能够熟练地应用这些知识要点。该课程的教学内容包括基础理论、专业理论以及理论的适用性,采用的教学策略和工具包括网络为主的教学方法和课堂辅助的教学方法。

在实际操作中,当我们设定多样化的教学目标时,需要考虑以下几个关键点:首先,我们应该强调培养学生的多种能力。无论函授生,还是业余生,他们都来自生产、服务和管理的前线,拥有丰富的实践工作经验。然而,他们在理论知识上相对不足。因此,我们需要通过深入学习专业知识,加强理论与实践的融合,以培养他们综合运用专业技术知识的能力。脱产生的学习目标是适应市场的新变化和新的形势,通过不断学习来找到更加令人满意的工作机会。因此,在高等教育的教学模式中,必须强调以满足高等层次需求为核心,以实现"突出能力培养"的教学目标。其次,我们应当鼓励采用跨越时间和空间的教育方式。学生在工学方面存在显著的矛盾和较大的文化基础差异,为提升教学组织和教学质量带来了额外挑战。基于网络的教学方法有效地解决了上述问题:网络教育不受时间和空间的限制,为成人教育的学生提供了一个跨越时空的学习环境;网络教育作为教学的一个补充手段,对基础知识较弱的人来说,是一个很好的知识增补方式。因此,多样化的教学模式应当拥有"虚拟学习环境与学习社区"的特性。最终,为了建立一个多样化的教学模式,我们需要改变传统的教育观点,进行教学方法的改革和创新,并选择与高等教育的心理特性以及社会、技术和生活发展需求相匹配的教学策略。例如,我们应当大胆地继承并拓展课堂教学方法,尤其是 20 世纪 80 年代以来的一系列综合性启发式教学策略;深度探索实验法、演示法、讲授法、讨论法、发现法、演练法、问题法、案例法等核心教学手段的最佳组合,以发掘其在优化教学流程中的可能性。

四、引入校企合作的教学模式

在大学教育的实践中,由于学生的独特身份,他们经常面临学习和工作的双重挑战,这使得他们在这两者之间难以有效地分配时间和精力,从而产生了难以调和的实践与学术的矛盾。从职业发展的理论角度看,高等教育的教学模式必须确保学生的职业成长需求主要集中在学习相关的专业理论和技能上。为了在学习与工作之间找到均衡点,进一步提升成教学员的实际操作技能,引入学校与企业合作的双元教学模式变得尤为重要,这有助于加强学员的职业成长基石。

(一)建立校企联动机制

合作建立在信任和需求的基础上,关键是找到合作的交汇点,否则很难产生协同效应。通过之前的分析,我们已经明确地认识到,学校、政府和企业三方都有实施教育的意愿和条件。这为建立学校主办、企业和政府协办或督办的共同办学联动机制铺平了道路,也为实施校政企合作人才培养模式消除了障碍。对学校、政府和企业来说,"发展"始终是他们共同关心的核心议题。因此,学校与企业合作的逻辑出发点应当是"发展"。学校的发展重点是人才的培养,政府(社会)和企业的发展都需要人才,因此"人才"变成了双方或多方合作的交汇点。为了实现学校、政府和企业在人才培养方面的紧密合作,我们必须构建一个高效的协同机制,包括管理规章和操作方式。要构建一个以现代信息技术为基础的在线交流平台,建立信息员的联络和信息发布机制,以确保外部宣传和信息交流渠道的流畅性。

(二)规范校企管理模式

合作必须通过合同或协议来确立具有法律约束力的办学关系,明确各方的责任和义务,以确保合作的有效性和规范性。同时,我们必须高度重视高等教育的内在规律、大学生的独特性质,以及政府和企业的实际需求。为此,我们需要建立一个以主办学校为核心,政府和企业共同参与的教学管理体系,共同讨论和决策重大问题,合理规划各个教学环节,以确保教学的高质量。在办学过程中,高等教育管理部门与企业和政府领导共同组成项目管理团队,共同研究、制定培训方案、管理规定并负责执行。在具体执行阶段,学校与政府各部门紧密协作,确保及时了解教学状况,从而确保培训人才的高质量。

(三)合理设置培养目标与教学计划

高等教育机构致力于培养能够满足生产、建设、管理和服务前线需求的,既有道德又有才华的应用型高级专业人士。达到这一教育目标,关键在于设计一个以高级技术应用能力为核心的培训计划,搭建科学且合适的课程结构,并明确将所学应用于实践的教学内容,以及与学生的职业成长和工作岗位紧密相连的实践教学环节。因此,我们必须从根本上改变过度依赖普通高等教育的人才培养方式,建立一个将"学历＋技能"的学科课程和技能培训相结合的课程体系。我们的学员分布在各个行业的生产、管理和服务前线,其中一些甚至是管理和技术岗位的核心人员,他们对职业、技术和所需的知识有着深入了解。学员所属的单位和部门期望他们的员工能够有所收获、有所成就,并将所学应用于实践中。在制定教学计划的过程中,我们应当最大限度地利用学员及其工作单位这一宝贵资源,确保学员和社会各界都能积极参与到教学计划的制定和课程设置中,从而使我们的教学计划和内容更加具有针对性和实用性。经验表明,高等教育机构与企业合作的人才培养模式是一种多方共赢的人才培养方式,也是高等教育事业可持续发展的非常有效的模式。

然而,学校与企业之间的合作仍在不断的尝试和探索中,许多更为深入的问题仍需要我们在实际操作中持续研究。例如,合作模式与操作机制的问题、学历教育与技能培训之间的关联问题,以及学员的考核和评估问题等。我们有责任在实际操作中进行改革和创新,拓展我们的运营策略,主动走出学校大门,确保高等教育真正成为一个面向社会的开放教育体系,从而为社会的各个领域和各种企事业单位提供优质教育服务。

参考文献

[1]杜志学.高校教学管理及教学质量保障体系研究[M].长春:吉林大学出版社,2024.

[2]张俊杰.我国高校教育管理创新研究[M].北京:中国纺织出版社,2024.

[3]魏理智,刘传利,石云.新时代高校教育管理与研究[M].哈尔滨:哈尔滨工程大学出版社,2024.

[4]许莲花,李印平,鲁美池.高校教育教学管理创新研究[M].成都:四川大学出版社,2023.

[5]张燕,安欣,胡均法.现代高校教育管理与教学创新研究[M].天津:天津科学技术出版社,2023.

[6]郭优.高校教育教学管理与实践研究[M].延吉:延边大学出版社,2023.

[7]薛来军.高校教育教学管理创新研究[M].长春:吉林出版集团股份有限公司,2023.

[8]鲍荣娟,刘雪纯,吴迪.高校教育教学管理实践与创新研究[M].长春:吉林出版集团股份有限公司,2023.

[9]陈志明,陈燕.新时期高校教育教学管理的创新策略研究[M].长春:吉林摄影出版社,2023.

[10]袁峥.高校教育管理与教师教学能力发展研究[M].汕头:汕头大学出版社,2023.

[11]卢兴光.新时代高校教育管理体制与教学改革研究[M].长春:吉林出版集团股份有限公司,2023.

[12]王迎.高等教育管理与教学创新研究[M].哈尔滨:黑龙江科学技术

出版社,2023.

[13]卢茂春.高校体育教育与管理的理论及实践探索[M].广州:广东人民出版社,2023.

[14]崔金辉.高校教育管理创新与发展研究[M].天津:天津科学技术出版社,2023.

[15]陈东梅.新时代高校教育发展路径的研究[M].北京:北京工业大学出版社,2023.

[16]张亚军.教育前沿高等教育管理理论与创新研究[M].沈阳:辽宁大学出版社,2023.

[17]李墨,文晶晶.高校教学改革与创新型人才培养研究[M].天津:天津科学技术出版社,2023.

[18]谈颖,吕杨,沈嘉怡.教育管理理念与思维创新研究[M].北京:中国民主法制出版社,2023.

[19]张茂红,莫逊,李颖华.高校教育管理与教学研究[M].北京:台海出版社,2022.

[20]于漫.高校教学管理与素质教育研究[M].北京:中国原子能出版社,2022.

[21]唐华丽.高校教育教学管理研究[M].长春:吉林文史出版社,2022.

[22]刘晶,刘玮,张明明.高校教育教学与管理研究[M].长春:吉林摄影出版社,2022.

[23]杨刚,王新,刘丹.高校教育教学与学生管理[M].长春:吉林出版集团股份有限公司,2022.

[24]方晓明.新时期高校继续教育与教学管理研究[M].北京:中国农业出版社,2022.

[25]郭晓雯.高校教育教学管理创新发展研究[M].北京:北京工业大学出版社,2021.

[26]刘思延.高校教育教学管理实践与创新发展[M].哈尔滨:哈尔滨出版社,2021.

[27]刘萍萍,何莹.现代高校教育教学管理现状与创新发展[M].北京:中国原子能出版社,2021.

[28]覃柳云.高校教育教学管理研究[M].长春:吉林出版集团股份有限公司,2021.

[29]周芸.高校教育教学管理模式创新研究[M].北京:中国财政经济出版社,2021.

[30]道靖.高校教育教学管理理论与实践[M].长春:吉林教育出版社,2021.